银行业的互联网之路

刘德寰　季飞　李夏　崔凯　等著

机 械 工 业 出 版 社

本书以金融银行业与互联网业齐头发展的交集作为切入点，以平实的数据监测作为研究方法，以二十多家国内外银行作为对象，在考察全球银行业发展现状的基础上全面、系统地搭建监测框架，并严格地进行数据录入统计与分析，不仅从金融业的角度梳理各家银行的基本业务类型与信用卡发展现状，更从互联网发展的角度着重阐述电子银行（包括网络银行与手机银行）、电子商城以及社会化媒体运营现状。

本书适合金融、银行、投资、证券及互联网从业者阅读。

图书在版编目（CIP）数据

银行业的互联网之路／刘德寰等著．—北京：机械工业出版社，2012.8

ISBN 978-7-111-39261-3

Ⅰ．①银…　Ⅱ．①刘…　Ⅲ．①互联网络－应用－银行业－研究－世界　Ⅳ．①F831.2－39

中国版本图书馆 CIP 数据核字（2012）第 171665 号

机械工业出版社（北京市百万庄大街 22 号　邮政编码 100037）
策划编辑：杨　硕
责任编辑：杨　硕
责任印制：张　楠

北京双青印刷厂印刷
2012 年 9 月第 1 版·第 1 次印刷
169mm×239mm·10 印张·146 千字
0 001－2 000 册
标准书号：ISBN 978-7-111-39261-3
定价：59.00 元

凡购本书，如有缺页、倒页、脱页，由本社发行部调换

电话服务	网络服务
社服务中心：（010）88361066	教 材 网：http://www.cmpedu.com
销 售 一 部：（010）68326294	机工官网：http://www.cmpbook.com
销 售 二 部：（010）88379649	机工官博：http://weibo.com/cmp1952
读者购书热线：（010）88379203	封面无防伪标均为盗版

自　序

生活是一切的基础，技术是实现美好生活的前提，当周遭的生活弥漫在技术背景下的时候，新的时代与新的世界就悄然开始了。

我们的世界正在经历着巨大的变化，这种变化本身不是简单的思考与呐喊，而是真正的改变，时代已经清楚地告诉人们：品味人生的多端变化，是我们对未来的真正憧憬。

我们可以在日常的、无需思考的生活点滴中理解这种变化，没有必要拔高，没有必要进行太多的思考，没有必要有逻辑，只是体验、感受与直觉，这才是最真的思考，理性已经给我们设定了太深厚的价值涉入，我们已经分辨不清哪个是真正的需求与梦想。

简单点，活着，就是真正的生活。

很喜欢俞平伯先生的文字，尤其是他写的跋与序，睿智的简单体验，灵动的笔锋，像画，像诗，像一抹艳阳从树叶间流淌，这就是生活。

感性的研究需要的是将这抹阳光展示出来，不去评述，不去深究，不去解释，不去判断，甚至不去追求与惯例的一致，平铺直叙，大开大合，得到的才是没有价值涉入的真正的理性。这是我们的追求，也是这本枯燥的书带给大家的所有。

《银行业的互联网之路》一书，采用全新的视角，用一种类似体力活儿的方式，以截断面的描述，记录着银行业在互联网时代的努力、决心、创见、犹疑、退缩、躁动。

这支笔没有颜色，干巴与充盈，朴实无华，就像经历了岁月的老者给孩子们讲述过去的黑白照片式时光，悄无声息地填补了这一领域的空白。

互联网改变着产业生态，传统的金融业在这个大潮中兴奋而担心，他们努力跟进，又难以确定方向，行动与尝试发生在每时每刻，探索不仅仅是行业的标签，也是对生活在这个变化的世界中的人的一种责任。

《银行业的互联网之路》梳理了世界主要地区网络银行发展状态，较完整地监测了中国主要银行的信用卡、网络银行、手机银行、电子商城等业务，以及社会化媒体运用的发展状况。没有评述与趋势的探讨，只有总结，像白开水，但是解渴。

感谢招商银行办公室主任秦季章先生、中国银行电子银行部蒋昕总经理和董俊峰总经理助理给予本书的建议。

本书作者群主要由第一象限市场咨询（北京）有限公司和北京大学市场与媒介研究中心两个机构组成，成员包括：刘德寰、季飞、李夏、崔凯、刘向清（全国市场研究协会（CMRA）网站与杂志主编）、陈力强、宋怡、张也、孙应杰、汪玉龙、苏晓燕。

刘德寰

北京大学新闻与传播学院教授、博士生导师

中国信息协会市场研究业分会（CMRA）会长

中国市场信息调查业协会市场研究分会（CMRA）会长

目　　录

第 1 章　银行业宏观概述

20 世纪 80 年代以来，以计算机信息处理技术和电子通信技术为代表的高新技术的不断开发和运用，迅速渗透到社会生活的各个方面，不断改变着人们赖以生存的社会环境。人类社会经济形态在经历农业经济、工业经济之后，已步入一个全新的知识经济时代。20 世纪 90 年代后期，网络社会的崛起深刻地改变了人们的生活方式和组织机构的运行模式。2007 年后，移动互联网的崛起再一次带来社会的震动。在信息主义引领的网络社会，作为社会经济命脉的金融行业无疑也需要调整自身的发展思路和策略，将金融服务的信息化建设不断深化。而大力发展电子银行业务，正是这种深化发展的重要手段之一。

目前，电子银行主要的业务形态可分为网上银行、手机银行、电话银行、家居银行等。从世界范围内的发展趋势来看，网上银行与手机银行是当下银行业信息化建设的主流方向。因此，本书将集中分析当前国内银行业网上银行和手机银行的发展情况和整体趋势。

1.1 中国银行业信息化发展宏观环境概述——银行业信息化转型之必然

美国著名社会学家曼纽尔·卡斯特在著名的“信息时代三部曲”中将 21 世纪描述为一个网络社会崛起，信息主义盛行的时代。而全球经济和技术发展的趋势也证明，信息化建设是经济发展和转型的重要目标和方向。

“十五”期间，国家信息化领导小组对信息化发展重点进行了全面部署，作出了推行电子政务、振兴软件产业、加强信息安全保障、加强信息资源开发利用、加快发展电子商务等一系列重要决策，金融信息化全面推进金融服务创新，现代化金融服务体系初步形成。2007 年，多个部委联合发布《电子商务发展“十一五”规划》[一]，明确表示要大力推广银行卡等电子支付工具，推动网上支付、电话支付和移动支付等新兴支付工具的发展。进一步完善在线资金清算体系，推动在线支付业务规范化、标准化并与国际接轨。2011 年 9 月，工信部信息化推进司副司长董宝青表示，由工信部、商务部、人民银行、科技部、工商总局和国家发改委六部委联合制定的《电子商务“十二五”发展规划》在近期即将出台[二]，该规划的制定，将进一步推动并指导我国金融行业和电子商务的信息化建设进程。

长期以来，国内银行业的主要利润来自存贷款业务之间的利差。波士顿咨询公司 2007 年发布的《银行业价值创造报告》显示，在中国，银行可以在一笔交易中轻松赚到至少 300 个基点的利差，而在成熟市场 20 个基点已算不错。不过，息差受利率水平、货币供应量等宏观因素影响较大，单纯依赖存贷业务对于商业银行的发展而言具有较大的系统性风险。

在市场竞争趋于饱和的情况下，2006 年以来国内银行业掀起了“中间业务”、“第三方业务”大跃进，以期通过金融创新，提升非传统业务盈利占比。资产证券化、销售理财产品等业务异军突起，金融创新成为了银行转变传统盈利模式的通途，亦为监管层所力推。

中国社科院金融研究理财产品中心的统计显示，2008 年 56 家商业银行共发行理财产品 4456 款，远高于 2007 年发行数，然而金融危机浇熄了这股创新热潮，目前国内信贷资产证券化已中止，理财产品也全线收缩。截至 2009 年底，我国银行业金融机构流动性比例 46.4%，比当年年初下降 3.6 个百分点，经济条件的恶化和面对资产负债更谨慎的态度使得银行的盈利模式正面临诸多挑战[三]。

㊀《电子商务发展“十一五”规划》，http://www.ndrc.gov.cn/zcfb/zcfbtz/2007tongzhi/t20070620_142457.htm。

㊁《电子商务“十二五”发展规划即将出台》，经济观察网，http://www.eeo.com.cn/2011/0916/211366.shtml。

㊂ 庞投，《银行业盈利模式重塑轨迹》，21 世纪经济报道，http://it.sohu.com/20100708/n273354468.shtml。

从宏观政策环境和银行业自身发展情况的大背景来看，如何发展以网上银行和手机银行为代表的支付和销售渠道，并以此将银行业务通过无处不在的网络同客户“联接”起来，显然已经成为中国银行业深化信息化建设，并且重塑盈利模式的必然选择。

1.2 网上银行发展历程

1.2.1 美国：网上银行的早期践行者和引领者

相比于欧洲各国和中国，美国的电子银行发展较早。1995 年美国安全第一网络银行（Security First Network Bank，SFNB）的开业揭开了世界银行发展史的新篇章，引起了各国银行界的极大关注。这种顺应互联网发展大势，高效、崭新的业务形态使全球越来越多的金融机构为之兴奋，并陆续开办了网上银行业务（Internet Banking）。从此，世界各国的银行业纷纷走上互联网之路，在改善银行经营绩效及服务功能的同时开辟网络银行业务，其影响已冲击到国际银行业的发展和市场结构。网络银行是银行电子化发展的产物，从国外的经验来看，银行电子化的发展一般都经历了三个阶段：银行办公自动化阶段、内部网络电子银行（PC 银行、企业银行、家庭银行等）阶段和网络银行阶段[㊀]。20 世纪 90 年代初,西方发达国家的商业银行已取得业务处理的规范化、办公事务的自动化、决策支持的智能化等成就，并率先取得发展网络银行业务的经验。截至 2000 年，世界上近 800 家银行加入互联网，其中 100 多家可提供在线交易。美国和欧洲有 40 家银行不仅能为客户提供网络票据支付服务,而且能办理一揽子的在线交易服务[㊁]。此时，美国在网络上设立网站的银行数目从 1995 年的 130 家发展到 2002 年末的 3800 家，占所有联邦保险的储蓄机构和商业银行的 37%。美国的网络用户已经达 1 亿多人，这其中有 1500 多万户家庭使用网上银行服务，这一数据到 2003 年末已经达到 4000 万[㊂]。至 2011

㊀ 谢平、尹龙，《网络银行：21 世纪金融领域的一场革命》，财经科学，2000 年第 4 期。
㊁ 范智、周向雯，《对我国目前发展网络银行业务的若干思考》，中国金融，2000 年第 6 期。
㊂ 刘清娟，《中国、美国与欧洲网络银行的发展比较》，新疆金融，2007 年第 6 期。

年第一季度，美国网上银行用户已达6360万[㊀]。

1.2.2 日本：探索网上银行独立发展的专业化道路

面对汹涌而来的世界网络经济浪潮，日本经济界人士普遍感到了危机。2000年9月7日，日本金融再生委员会（FRC）在会议上决定，向以樱花银行为主体的正在筹备之中的互联网专业银行“日本网络银行（Japan Net Bank，JNB）”颁发经营许可证。至此，日本首家网络银行宣告诞生，并于当年10月份正式营业。JNB 50%的股份将由樱花银行所持有，而住友银行、富士通及日本生命保险则将各持10%的股份，剩余的20%股份则将由NTT东日本、NTT DoCoMo、三井物产及东京电力平均持有，此家网络银行也成为日本首家旗下股东成员包含非金融机构的银行。

JNB实行分离于银行本体而独立发展的专业化道路，不是某个大型银行下的一个分业务，而是一个有着自己独立名称和运作方式的新体系。它是专业化的网上银行，没有实体店面和ATM机，也不发行存折，完全依靠网络服务来进行查询、转账、汇款、购买金融产品等业务。然而网络银行能够提供存户远较其他实体银行更具竞争优势的利率及手续费用，在JNB所订出的利率当中，活期存款全年利率为0.2%，1个月定存利率为0.25%，6个月及1年定存利率分别为0.3%及0.4%，其中除五个月定存利率较樱花银行高出60%外，其余均高出一倍。同时，JNB存户通过该银行作内部转账只需付52日元手续费，3万日元内的跨行转账手续费为168日元，超过3万日元则为262日元，这些费率与樱花银行存户通过该行ATM机转账所付手续费相比，均低1/3以上。而网络银行之所以能给予这些极具竞争优势的利率及手续费，与其运营及固定成本远低于实体银行分不开。据报导，日本网络银行仅以少于50亿日圆即可完成其所有的账户交易及Unix电脑系统维护，而其总员工数也仅有100名。

目前日本国内经营的网络专业银行有以下六家：JNB、索尼银行、乐

㊀ 数据来源：comScore Financial Services, Q1 2011。

天银行（E-bank）、住信 SBI 网络银行、Jibun 银行，以及大和 Next 银行。随着网络的发展，除了这些专门的网络银行之外，日本各大银行也相继开设自己的网上银行业务，并凭借银行的固有客户优势，取得了一定的市场份额[1]。

1.2.3 中国：银行集体“上网”，步入快速发展轨道

与发达国家相比，中国网上银行的起步稍晚。中国网上银行发展起步于 1996 年，大规模发展则始于 2000 年。1996 年 6 月，中国银行总行正式推出其网上服务业务，1997 年在网上建立了自己的网页，1998 年开始提供网上银行服务，内容包括网上查询、转账、支付以及结算等，1998 年 3 月中国银行第一笔国内 Internet 网上电子交易成功。招商银行于 1997 年 4 月正式建立了网上银行，推出了网上个人银行和企业银行业务，并逐步建立起由企业银行、个人银行、网上证券、网上商城以及网上支付等组成的较为完善的网上银行体系。继招商银行之后，国内的各家银行也相继建立了各自的网上银行。1999 年 9 月，招商银行在国内首家全面启动网上银行——“一网通”，当时无论在技术性能还是在业务量方面在国内同业中均处于领先地位，被国内许多著名企业和电子商务网站列为首选或唯一的网上支付工具。而招商银行也凭借其网上银行的优势，逐渐由一个地方银行发展成为一家具有一定规模与实力的全国性商业银行。

2000 年 6 月 29 日，由中国人民银行牵头，中国工商银行、中国农业银行、中国银行、中国建设银行、交通银行、招商银行、中信银行、华夏银行、广发银行、深圳发展银行、光大银行、民生银行等 12 家商业银行联合共建的中国金融认证中心（CFCA）全面开通，开始正式对外提供发证服务。CFCA 作为一个权威度高、可信赖的以及公正的第三方认证机构，专门负责为金融业的各种认证需求提供证书服务，为参与网上交易的各方提供安全的基础，建立彼此信任的机制。CFCA 的建成和投入使用，为建立规范统一、布局合理的全国安全认证体系，进而发展我国电子商务中最关键的网上安全支付系统打下了良好的基础，标志着中国电子商务进

[1] 具体的市场份额分布下文有详细说明。

入了可提供跨银行安全支付的新阶段。

从 1999 年到 2011 年的十几年时间里，国内网上银行业务发展的脚步逐渐加快，尤其近几年伴随互联网的不断普及、移动互联网的兴起和银行自身的大力推动，中国网上银行业务开始步入加速发展阶段。

1.3 手机银行发展历程

1.3.1 美国："新鲜货"遭遇发展瓶颈

1996 年 9 月，捷克推出了世界上第一个商业性手机银行产品，迈出了全球移动金融服务的第一步。此后，美国银行、富国银行、德意志银行等国际著名金融机构相继展开了针对手机银行的业务创新，并逐渐发展成为全球手机银行领域的领跑者[㊀]。真正意义上的手机银行则起步于 2007 年。2007 年以前，短信银行与 WAP 手机银行是世界手机银行的主导模式，直至 2007 年 iPhone 引领的智能手机才革命性地催生了具备多功能、能够随时随地办理银行业务的手机银行，使得手机银行的发展进入了全新的阶段。此时对世界银行业来说，手机银行变成了"新鲜货"。银行开始更好地将手机特色与银行业务体验相结合，融合"多点触控"、"重力感应"、"位置服务"等终端特点，力求为客户带来随时、随地、随身、焕然一新的金融体验。

尽管美国的手机银行起步较早，但 2007 年进入全新的手机银行时代后，美国的手机银行发展成绩并不突出。虽然发达的金融机构、手机终端的强硬支持、Wi-Fi 等移动互联网络的高度普及使得手机银行在美国拥有得天独厚的发展条件，但手机银行在美国并没有取得如同网上银行一般的强势发展。2009 年 ABI 调查机构对美国 29 家银行进行调查（其中 17 家为美国最大的零售银行），调查结果显示：首先，手机银行在美国的用户到达率并没有预期的那样好，为了推广手机银行需率先在美国推广手机短信服务；其次，在网站设计上，手机银行的网页链接不易发现，易用

㊀ 熊俊、陆军，《国内和欧美手机银行业务发展的实践与创新》，金融论坛，2011 年第 3 期。

性较差[1]。

1.3.2　日本：i-Mode 模式引领手机银行走向成熟

日本手机银行的发展依靠的是智能手机以及 i-Mode 模式的普及。截至 2001 年 2 月末，日本的 PHS（Personal Handy-Phane System，个人手持电话系统，即俗称的“小灵通”）和手机的入网规模为 65 279 000 部，较上年增长了 18%，较 5 年前增加了 598%。可见在当时的日本，手机便已经成为日本人生活中不可或缺的工具[2]。

手机业务市场的强大支撑力量来自通过手机获取情报、购物、从事银行交易等的 IP（Information Provider）连接服务，其核心是 1999 年始于 NTT docomo 的 i-Mode。随着手机市场的不断扩大，日本各银行也纷纷开办利用手机进行转账、查账等服务。这些服务着眼于个人客户，满足了那些因白天工作时间紧张而无法去银行办理业务的个人需求。i-Mode 模式因其突出的便利性被城市银行、地方银行、信用金库、信用合作社、邮局、农业协会等广泛采用。由于 i-Mode 使用的是经日本厂家改良后的小型 HTML 系统，可以连接到以 HTML 语言表达的台式计算机的主页，为手机用户提供了更加丰富的内容应用，因此使得在欧美占据主导地位的 WAP 系统失去了优势。

由于 i-Mode 模式的成熟，日本的手机银行发展也相对成熟，得到了普遍应用，手机明细查询以及小额的手机支付也成为日本人民生活的一部分。2007 年之后，智能手机出现并得到迅速的发展，日本各大银行和通信运营商也针对智能手机推出了新的应用，凭借之前 i-Mode 模式的成熟，日本的手机银行得到了平稳的过渡，智能手机银行的基本业务和之前相比并无太大差异，因此使用习惯被沿袭下来并且得到了进一步的普及。随着智能手机的普及以及 i-Mode 模式的进一步成熟，日本手机银行将会迎来新的机遇和发展。

1.3.3　中国：移动互联网蓬勃发展助力手机银行深耕细作

中国手机银行从 21 世纪初起步，主要由各商业银行与中国移动、中

---

[1] 数据来源：ABI Research, September 10, 2009. http://www.abiresearch.com/press/1488-29+US+Banks+Receive+Mobile+Banking+%E2%80%9CReport+Card%E2%80%9D+From++ABI+Research。

[2] 截至 2011 年 11 月，日本手机使用量已达 128 626 700 人部。

国联通等运营商合作，联合向社会推出。2001 年，中国移动通信用户总数突破 1 亿，为手机银行业务的开展提供了较好的基础。工商银行、中国银行、建设银行、招商银行陆续推出了基于短信方式的手机银行。十年来，伴随着移动通信和终端技术的持续升级，手机银行也不断更新换代。据人民银行数据显示，截至 2009 年末，国内手机银行存量客户已突破 3000 万。

整体而言，手机银行的发展经历了从短信银行到 WAP 手机银行，再到今天的客户端手机银行三个阶段。手机银行的发展历程同手机技术以及移动互联网的发展密切相关。

2000 年国内开始出现短信手机银行，用户通过向银行发送指定格式的短信，以获取银行提供的金融服务。在此阶段，手机银行产品由手机、GSM 短信息中心和银行系统构成。其主要功能涉及账务查询、自助缴费、银行转账，此外还可借助短消息连接至增值服务平台，查询股市行情、外汇牌价、航班信息等，具有方便快捷、安全保密等特点[㊀]。

2004 年后，移动互联门户网站蓬勃发展，新浪等一系列传统互联网信息服务商纷纷推出手机网站，银行业随之研发了基于 WAP 技术标准的手机银行产品。在此阶段，手机银行主要采用的实现方式有 STK、SMS、BREW、WAP 等。由于 WAP 方式只需要通过手机内嵌的 WAP 浏览器访问银行网站获取相关信息，无需安装任何软件，使用方便快捷，因而 WAP 成为大多数手机银行的实现方式。与短信相比，WAP 手机银行具有图形化操作界面和加密机制，产品功能相对丰富，客户体验也更加流畅。

2007 年 iPhone 和 App Store 的问世彻底颠覆了人们对手机的认识，到 2009 年，智能手机的研发和普及开始引领全球手机银行进入到一个崭新的应用时代，一系列革命性的创新让整个世界为之惊叹。与智能手机操作多样化相对应的是各大银行陆续推出针对不同手机操作系统的客户端手机银行，以满足不同手机用户群体的需求。在现阶段，客户端手机银行更强调用户体验[㊁]。

㊀ 王广宇，《中日手机银行发展的比较》，http://soft6.com/html/tech/5/52540.shtml。

㊁ 熊俊、陆军，《国内和欧美手机银行业务发展的实践与创新》，金融论坛，2011 年第 3 期。

1.4 世界主要地区电子银行现状及趋势

1.4.1 网上银行

1. 美国：2011 年——个人网上银行爆发增长年

以美国为代表的网上银行发展较早，目前处于向成熟期过渡的阶段。2003 年底，美国上网家庭已有 4000 万户使用网络银行服务，此后美国上网家庭使用网络银行服务一直处于增长状态。截至 2011 年第一季度，美国拥有 6360 万网上银行用户，其中 68%使用网上支付功能㊀。Forrester 曾预测到 2014 年，美国上网家庭中约有三分之二的家庭将使用网上银行，而美国的 Y 一代㊁将成为这一潮流的引领者。事实上，这一结果比预测的更早到来——2011 年成为美国网上银行爆发的一年，如图 1-1 所示。

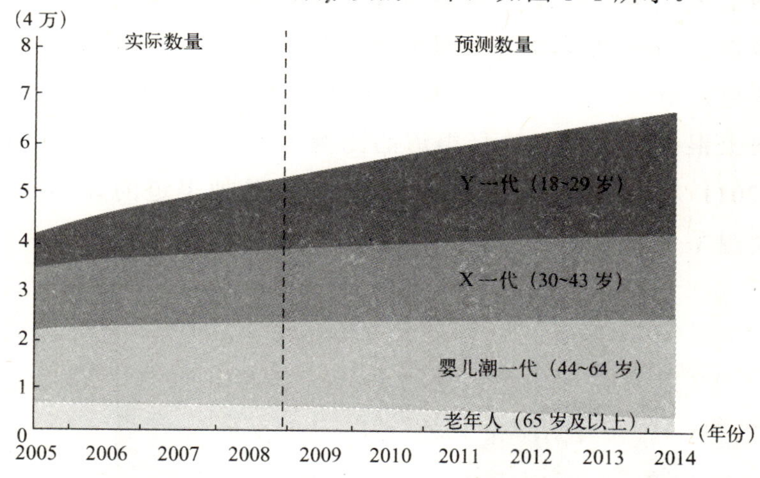

图 1-1　美国在线家庭使用网络银行的趋势预测

注：数据来源自 Forrester Research，《Online Banking And Bill Pay Forecast》，2009 年 3 月发布，Base=美国上网家庭，第一象限收集整理

㊀ 数据来源：comScore Financial Services, July 27, 2011, http://www.comscore.com/Press_Events/Press_Releases/2011/7/Two-Thirds_of_13.3_Million_Canadian_Online_Banking_Customers_Used_Online_Bill_Payment_in_Q1_2011。

㊁ “X 一代”指 20 世纪 60 年代到 70 年代初出生的美国人，这批人被认为身上有着不同程度的不负责任、冷漠和物质主义等特点。20 世纪 80 年代出生的“Y 一代”群体共性为：极具乐观态度和特权感。Y 一代是一个使用网络，手机，DVD，卫星，短信，TiVo，iPod，电子宠物等的时代。“婴儿潮一代”指婴儿潮时期出生的美国人，这个词的首次出现，主要是指美国第二次世界大战后的“4664”现象——从 1946 年至 1964 年，这 18 年间出生人口高达 7800 万人。“老年人”指已经步入老年时代的 65 岁以上的美国老年人。

美国银行家协会（American Bankers Association）连续两年的跟踪调查显示了美国消费者最钟爱的银行渠道选择。2009 年，25%的美国消费者更喜欢使用网上银行作为办理银行业务的第一选择，2010 年这一数字增至 36%。调查显示，对网上银行的喜爱并不是年轻人的专利，55 岁以下不同年龄组的人群对使用网上银行都有特殊的偏爱，他们的年平均收入在 75000 美元以上。55 岁以上人群大部分（33%）更喜欢到当地的银行柜台去办理业务，网上银行退居其次成为他们的第二选择（20%）。总体来看，相比于网上银行，柜台办理业务仍颇受欢迎，但选择使用 ATM 办理银行业务的百分比在所有年龄组中均出现了下降。手机银行（手机、黑莓 PDA、iPad 等）作为第一选择的百分比较低，仅为 3%，这一人群主要是 18～34 岁之间的年轻人。经历了 2010 年的市场渗透，2011 年美国网上银行全面爆发，开始向各个群体渗透扩张，值得一提的是美国 55 岁以上的中老年群体将网上银行作为办理银行业务第一选择的比例第一次超过柜台办理，由 2010 年的 20%上升至 2011 年的 57%。总体来看，网上银行作为第一选择渠道的比例大幅上升，由 2010 年的 36%上升至 2011 年的 62%，与网上银行相比，其他渠道的选择比例全部在下降，如图 1-2 所示。

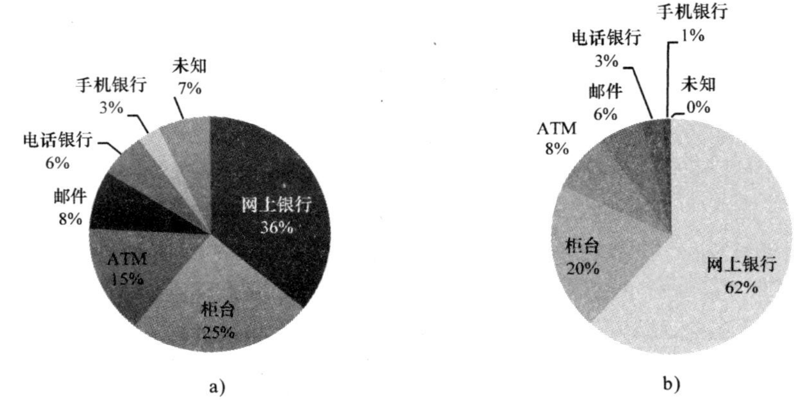

图 1-2　美国消费者办理银行业务选择渠道：2010 年与 2011 年百分比对比

a) 2010 年办理银行业务选择渠道　b) 2011 年办理银行业务选择渠道

注：数据来源自 ABA（American Bankers Association），2010 年 9 月与 2011 年 9 月调查数据，第一象限收集整理。

与 ATM、柜台业务相比，网上银行的最大优势在于速度和便捷程度。如图 1-3 所示，2011 年美国网上银行的一枝独秀不仅预示着美国零售银行的利好趋势，同时也表明速度与便捷度成为美国所有年龄组群体进行银行业务交易时首要考虑的因素。此外，网上银行的全民普及也表明美国消费者认可了美国各大银行网上银行的安全性与准确性。随着 Y 一代进入银行市场并日趋成为主导，网上银行无疑将成为美国银行业的未来。为了支持网上银行的发展，美国各大银行加强了对网上银行技术的持续投资，以满足消费者对网上银行快速、便捷、准确和安全的需求。

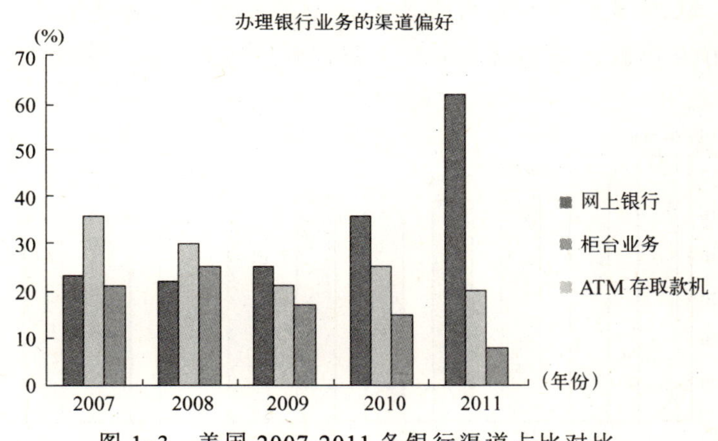

图 1-3　美国 2007-2011 各银行渠道占比对比

注：数据来源自 ABA，2011 年 9 月调查数据，第一象限收集整理。

与美国相似，加拿大网上银行发展也较为成熟，截至 2011 年第一季度，加拿大拥有 1330 万网上银行用户，其中 62%的用户使用银行的在线支付平台，[㊀]显示出消费者对银行网上支付服务有较为活跃的需求。

2．欧洲：北欧引领欧洲网上银行市场走向成熟

欧洲几国中，荷兰、瑞典的网上银行普及率较高，在 2009 年底就已分别达到 90%、87%，已处于相对成熟的状态，网上银行市场趋于饱

㊀ 数据来源：comScore Financial Services, July 27, 2011, http://www.comscore.com/Press_Events/Press_Releases/2011/7/Two-Thirds_of_13.3_Million_Canadian_Online_Banking_Customers_Used_Online_ Bill_Payment_in_Q1_2011。

和。相比较而言，法国、德国、英国的百分比分别为 62%、58%、52%，仍有一定的发展空间。西班牙、意大利则相对落后，使用网上银行用户的百分比在 09 年底分别为 42%和 24%，近两年的发展空间也较大[㊀]。总体来说，超过一半以上的欧洲网络用户已使用网上银行，欧洲网上银行市场呈现出区域性分阶段成熟的特点，北欧国家则引领了欧洲网上银行的发展。

此外如图 1-4 所示，从各国网上银行用户活跃度（每月登录网上银行用户占互联网用户百分比）来看，北美和欧洲是网上银行最活跃的用户区。在 2010 年全球网上银行活跃度最高的前十位国家中，加拿大以 64.8% 占据首位，欧洲国家则占据六席之多。无论是普及率还是用户活跃度，总体来说，2010 年后北美和欧洲的网上银行发展进入了相对成熟期。

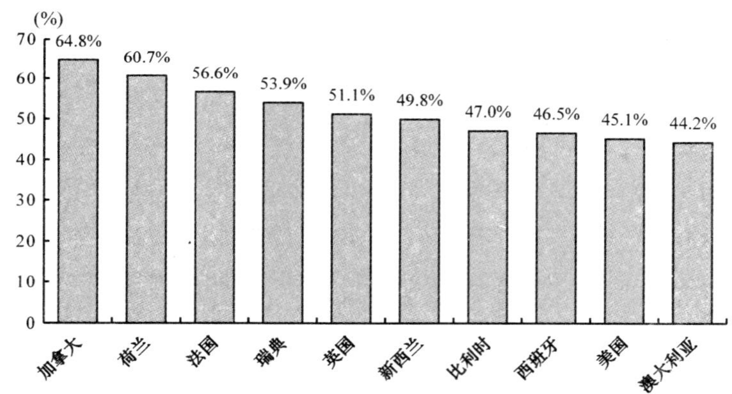

图 1-4　网上银行用户活跃度全球 Top10 国家分布

注：数据来源自 comScore Media Metrix，15 岁以上调查，2010 年 8 月，第一象限收集整理。

3. 日本

（1）网上银行使用稳定、饱和

如表 1-1 所示，根据日本乐天 Research 的调查显示，从 2008 年到 2011 年，日本网上银行的使用率起伏不大，网上银行的使用群体基本稳定和成熟，并已经达到饱和程度，新用户的增长较少。

㊀ 数据来源：Forrester's Technographics Financial Services survey, Q4 2009, http://blogs.forrester.com/reineke_reitsma/10-04-02-data_digest_online_banking_europe。

表 1-1　日本网上银行使用率

年　份	网上银行使用率
2008 年	68.2%
2009 年	68.2%
2010 年	67.0%

注：数据来源自日本乐天 Research，《关于网上银行的调查》，2008～2010 年部分，第一象限收集整理。

市场群体的稳定与饱和带来的是使用习惯的培养，乐天 Research 2011 年针对网上银行的调查显示，有 28.3%的使用者表示使用网上银行的年份超过了 5 年，这一选项占了最大比例，使用 1～2 年和 2～3 年的用户分别占了 15%[㊀]。

（2）“老龄化”特征显著

日本是一个老龄化程度较高的社会，这一特征也在网上银行的使用率上体现出来。如图 1-5 所示，日本 50～70 岁的老年人网上银行使用比率最高，为 93%，这一比率甚至超过了 20～29 岁年龄段的年轻人群体。因此在使用年龄上，日本网上银行有着明显的“老龄化”特征。

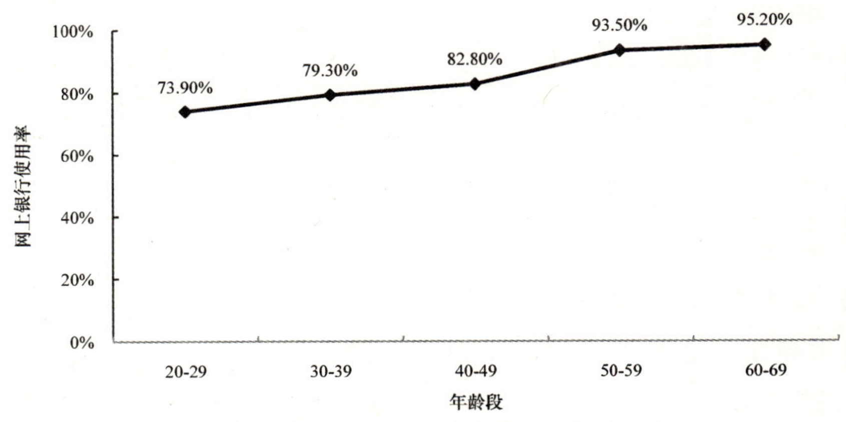

图 1-5　日本各年龄段群体网上银行使用率

注：数据来源自日本乐天 Research，《关于网上银行的调查》，2011 年，第一象限收集整理。

（3）专业网络银行市场占有率高

日本网上银行的另一个特点则是专业的网上银行市场占有率高。

㊀ 数据来源：乐天 Research ，《关于网上银行的调查》，2011 年，http://research.rakuten.co.jp/report/20110721。

上文中曾提到，专业的网上银行是独立于银行体系的网络银行，且在日本获得了较为充足的发展。从调查数据中也能看出，日本超过半数的用户使用专业的网上银行 eBank，且相较其他银行具有明显的优势。三菱东京 UFJ 银行和三井住友银行的网上银行业务则凭借其本身强大的银行背景分别排在第二位和第三位，如图 1-6 所示。

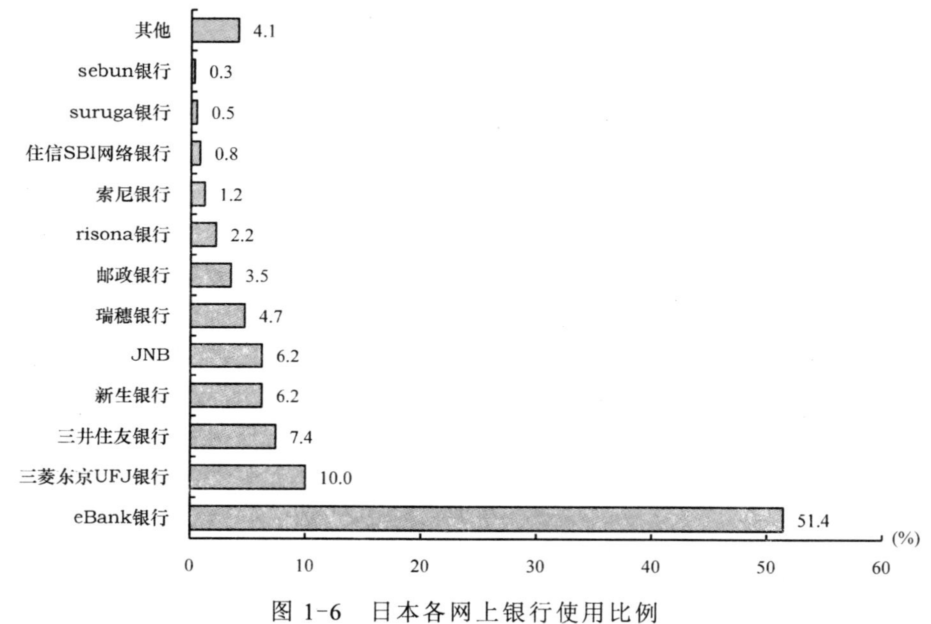

图 1-6　日本各网上银行使用比例

注：数据来源自日本 DIMSDRIVE，《关于网上银行的问卷调查》，2008 年 6 月发布，第一象限收集整理。

（4）随时随地享用服务

日本使用者之所以选择网上银行，最大的原因是“不用去柜台或 ATM 机”（73.1%），第二位是“24 小时可以使用”（72.2%），“手续费便宜”则以 56.3%的比例排在第三位，“利息高”则仅占了 15%，如图 1-7 所示。

由此可见，更优惠的手续费以及利息并不是网上银行最吸引用户之处，便捷、方便、随时随地的服务才是客户对网上银行的真正需求。而这种对“随时随地的便捷服务”的需求，也为手机银行揭示了巨大的发展前景。

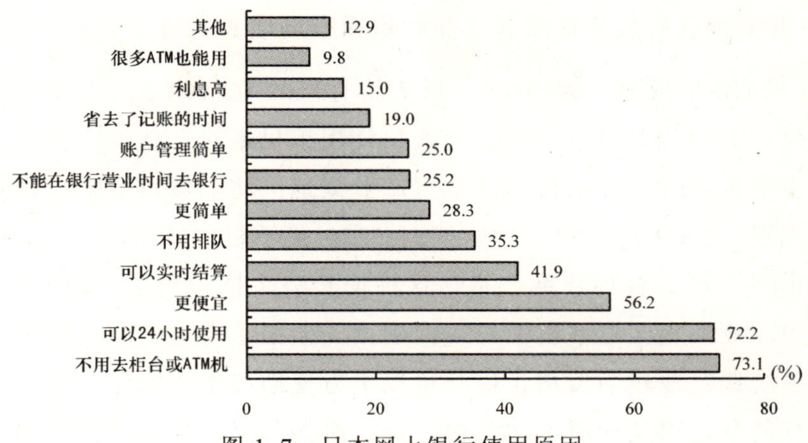

图 1-7 日本网上银行使用原因

注：数据来源自日本 DIMSDRIVE，《关于网上银行的问卷调查》，2008 年 6 月发布，第一象限收集整理。

1.4.2 手机银行

与网上银行较为成熟的发展不同，手机银行在世界各国银行业中仍是一个新鲜事物。手机银行的出现将银行业推入了一个新阶段，至此，银行真正意义上地实现了任何时间、任何地点的实时交易和业务办理。而移动互联网的强势崛起，全球移动用户的迅速增长也使得各国银行开始关注手机银行，并加大投入和开发力度，如图 1-8 所示。

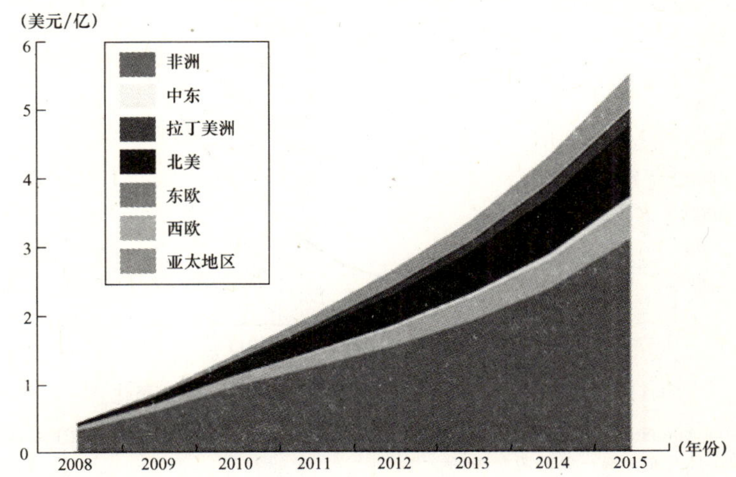

图 1-8 世界手机银行用户市场现状及预测（2008～2015 年）

注：数据来源自 ABI Research，2010 年 10 月 7 日发布，第一象限收集整理。

1. 亚太地区引领全球增长，美欧积极布局增长显著

ABI 2010 年预测，到 2015 年世界将有 4.07 亿人口通过手机银行完成金融交易，其中北美将有 6600 万人口使用手机银行。值得一提的是，美国并不是手机银行发展最快速的地区，亚太地区将引领世界手机银行未来几年的发展。2009 年，亚太地区拥有 5220 亿手机银行用户。与 2008 年相比，世界手机银行用户翻一番，这种增长势头持续到了 2010 年[㊀]。在此过程中，亚太地区对手机银行用户的增长做出了重要贡献。欧洲、北美地区的传统银行业较为发达，用户可以更方便地接触到网络、电脑，因此网上银行的发达以及无所不在的银行分支机构一定程度上降低了用户使用手机银行的动力。手机银行用户多从已有的网上银行用户推广而来，因而手机银行的发展和普及速度较为受限。但以富国银行为首的美国各大银行并没有放慢手机银行的推广，近两年来，各大银行纷纷布局手机银行，并在其网站上强力推荐，以期在长远时期内凭借较好的传统银行市场拓展手机银行市场空间。

目前，全球各金融机构都在进行手机银行的战略布局，从 2007 年世界少数银行机构提供手机银行服务开始到 2011 年，四年时间里约有 3500 家金融机构提供了手机银行服务。如图 1-9 所示。

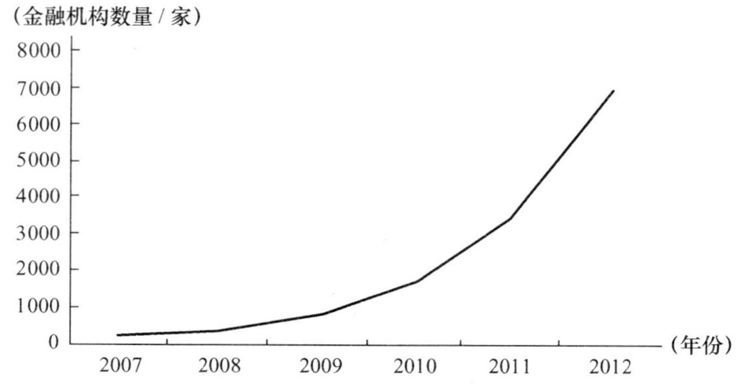

图 1-9 全球拥有手机银行的金融机构数量年变化图

注：数据来源自 Aite Group，《Corporate Mobile Banking: A Look at J.P. Morgan ACCESS Mobile》，2011 年 10 月发布，第一象限收集整理。

㊀ 数据来源：ABI Research，第一象限搜集整理。

据 Aite Group 预测，2012 年将是手机银行快速发展的一年，在本年度中手机银行的金融机构将达 7000 家。在 2011 年，伴随着手机银行的发展，与手机银行相应的 App 也得到了普及推广。以美国为例，尽管相比于网上银行，手机银行作为用户办理银行业务的第一选择渠道还相去甚远，但发展速度较快。到 2011 年第二季度，13.9%的美国手机用户通过手机接入过银行服务，1270 万手机用户使用银行 Apps，与 2010 年第四季度相比增加 45%[㊀]。各大银行手机银行的访问量也与日俱增。与美国相似，欧洲五国（英、法、德、西、意）手机用户通过手机接入银行服务的比例也在快速增加。2011 年第一季度，2000 万手机用户使用过手机银行服务，约占整个市场的 8.5%。与 2010 年第四季度相比，手机银行用户在一个季度内增加了 40%。从手机银行终端多样化来看，大部分国家手机银行市场中 iPhone 占据了较大优势，如加拿大 2011 年第一季度的数据显示每 5 个手机银行用户中就有 2 个使用 iPhone 手机作为移动终端[㊁]，手机银行用户中 77.5%为智能手机用户，其中 43.2%为苹果用户，黑莓仍占据一定的市场份额，用户百分比仅次于苹果，达 22.2%，安卓用户现阶段百分比较低，为 5.1%，但呈上升态势[㊂]。

2. 美国企业手机银行未来两年将大规模出现

手机银行发展的第一阶段是向独立的消费者提供手机银行服务，其后伴随的是规模更大的企业客户。2010 年下半年，一些金融机构开始尝试向中小企业客户提供手机银行服务，将手机银行服务推入了新阶段，但总体数量较少。不同于个人手机银行，企业手机银行对技术的要求更高。在美国，企业手机银行目前仅限于几家大的银行机构，如美国银行、富国银行、摩根大通、花旗银行和苏格兰皇家银行，且多数仅向本土提供服务应

㊀ 数据来源：comScore, Inc. October 26, 2011, http://www.comscore.com/Press_Events/Press_Releases/2011/10/Mobile_Banking_App_Usage_in_the_U.S._Increases_45_Percent_from_Q4_2010。

㊁ 数据来源：comScore, Inc. July 27, 2011, http://www.comscoredatamine.com/2011/07/2-out-of-5-mobile-banking-users-in-canada-use-iphones/。

㊂ 数据来源：comScore, Inc. July 27, 2011,http://www.comscore.com/Press_Events/Press_Releases/2011/7/Two-Thirds_of_13.3_Million_Canadian_Online_Banking_Customers_Used_Online_Bill_Payment_in_Q1_2011。

用。尽管如此，对全球银行 CIO 和 IT 执行管理负责人在 2011 年 10 月的调查显示，25%的银行机构在未来两年将增加他们在企业手机银行技术上的投入，这一比例在北美更高达 50%。在美国，虽然目前提供企业手机银行的银行只有少数几家，但其他银行已陆续开始酝酿企业手机银行计划，并预计在未来 12～18 个月推出企业手机银行服务。具体来看，在美国排名前 100 的银行中，40%表示会在 2012 年底前全面铺开企业手机银行项目。其中，大多数银行表示会从其现金管理技术供应商那里寻求企业手机银行的技术支持[㊀]。如图 1-10 所示，目前，美国的企业手机银行仍处于婴儿期，最先进入该细分领域发展的银行将具备先行者优势，解决目前银行业内部无法满足的市场需求。而到 2012 年末，美国的银行市场中将大量出现针对企业推出的手机银行服务，将手机银行服务发展进一步推向深化。

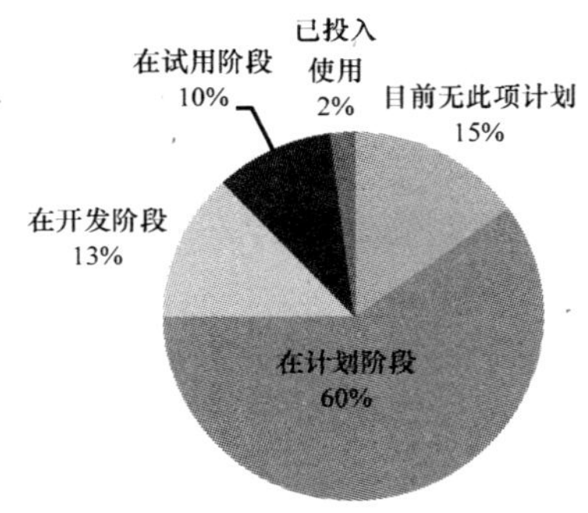

图 1-10　美国中型及大型银行 2011 年底手机银行部署进程

注：数据来源自 Aite Group，《Corporate Mobile Banking: A Look at J.P. Morgan ACCESS Mobile》，2011 年 10 月发布，第一象限收集整理。

3. 日本：手机支付前景广阔

在日本，手机银行以及手机钱包支付业务已经经历了一段发展时期，拥有了较为稳定的模式和体系。在 Mediba 2010 年的调查中显示，有 30.70%的人使用过电子钱包，且各年龄群体使用率差别不大，全民普及率较为稳定，如图 1-11 所示。

㊀ 数据来源：Aite Group report: Corporate Mobile Banking: A Look at J.P. Morgan ACCESS Mobile, October 2011。

在 1000 日元以下的小额支付中，手机钱包等支付方式占了大部分的比重。根据日本银行的调查显示，手机钱包在 1000 日元金额以下支付中的使用率在逐年增大。至 2010 年，这一比例甚至超出信用卡支付二十个百分点。越来越多的人选择以手机钱包为代表的支付方式，省却了携带钱包与去银行的麻烦，如图 1-12 所示。

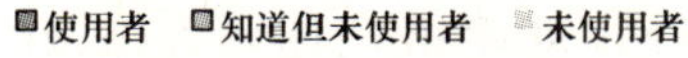

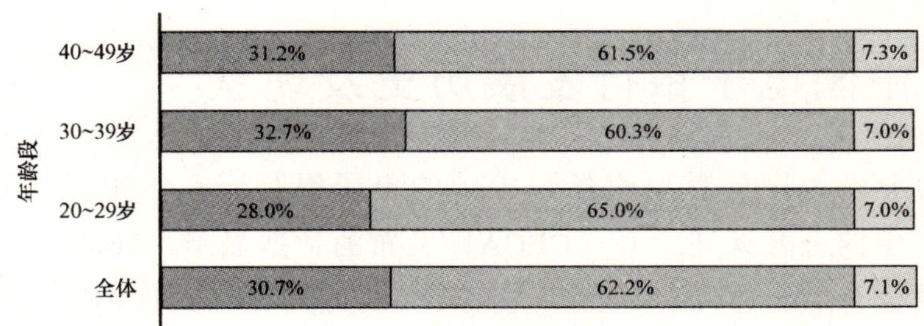

图 1-11 日本手机钱包使用率

注：数据来源自日本 Mediba，《关于“手机钱包”的问卷调查结果》，2011 年 11 月发布，第一象限收集整理。

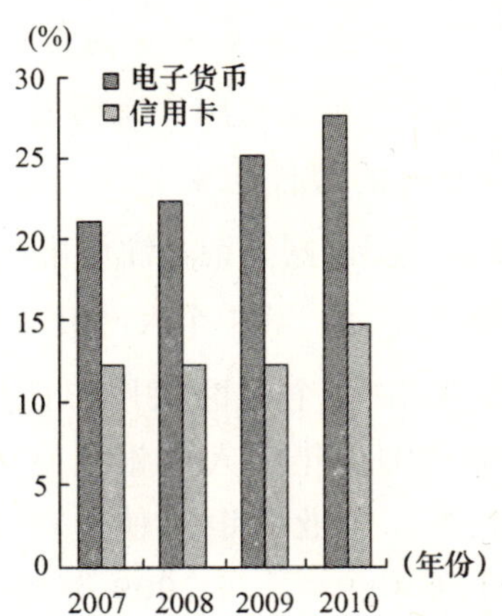

图 1-12 1000 日元以下支付方式对比

注：数据来源自日本 Mediba，《关于“手机钱包”的问卷调查结果》，2011 年 11 月发布，第一象限收集整理。

日本手机钱包的发展基于以下几个方面：首先是手机支付技术的发展。Edy 支付占据了日本手机支付 74.4%的市场份额，其采用索尼公司研发的非接触型 IC 卡 Felica 技术，手机用户只需下载 Edy 程序安装设定，即可使用。技术的成熟为手机支付的普及带来了可能，截至 2011 年 4 月末，采用了 Edy 的 IC 卡和手机已累计发行 6420 万个[一]。其次是适用场合的广泛性。便捷的支付需要配套的基础设施，Edy 的发展也离不开刷卡终端的普及。截至 2011 年 4 月末，日本全国可使用 Edy 支付的店铺达到了 26 万 7 千家[二]，各大商场、便利店、百货商店均提供了可以进行手机支付的 POS 机，用户只要轻轻挥动手机，便可完成支付。

1.5 中国电子银行发展历史及现状

作为亚太地区的重要市场，中国的电子银行近几年也经历着高速增长。根据中国金融认证中心（CFCA）发布的数据显示，2008 年，国内网上银行交易总额为 300 万亿元，占整个银行业务总额的 30%，2008 年国内网上银行新开户数量增长超过 5000 万，涨幅为 44.8%[三]。

2009 年，全国城镇人口中，个人网银用户的比例为 20.9%，比 2008 年增长了 2%，未来一年的潜在用户比例为 13.9%。与此同时，在企业网银方面，由于受到金融危机影响，2009 年全国企业网银用户的比例为 40.5%，比 2008 年略有下降，尽管如此，2009 年企业网银交易用户比例为 70.3%，比 2008 年上升了 5.9%。企业网银对于柜台业务的替代比率达到 50.7%。从总体的市场规模来看，截至 2009 年第四季度末，中国网上银行注册用户数达到 1.89 亿户，网上银行市场交易总额达到 404.88 万亿元，其中个人网银交易额达到 38.53 万亿元[四]。

2010 年，全国城镇人口中，个人网银用户比例为 26.9%，比 2009 年增长了 6 个百分点，同时 2010 年个人网银活跃用户比例达到 80.7%，比 2009 年增长了 4 个百分点。企业网银的使用在 2010 年也得到进一步发展，企业网银用户比例达到 40.9%，与 2009 年相比保持稳定[五]。

进入 2011 年，个人网银用户比例为 27.6%，较 2010 年实现稳定增长。企业网银方面，2011 年，在全国企业网银用户中，活动用户比例达到了 87.6%；企业网银交易用户比例为 75.9%，同比增长了 8.6 个百分点[六]。

[一] 数据来源：http://ja.wikipedia.org/wiki/Edy。
[二] 数据来源：http://ja.wikipedia.org/wiki/Edy。
[三] 中国金融认证中心，《2008 中国网上银行调查报告》，2008 年 11 月。
[四] 中国金融认证中心，《2009 中国网上银行调查报告》，2009 年 12 月。
[五] 中国金融认证中心，《2010 中国网上银行调查报告》，2010 年 12 月。
[六] 中国金融认证中心，《2011 中国网上银行调查报告》，2011 年 12 月。

同网上银行相比，手机银行在中国的发展时间并不长，但在最近两年呈现出了迅猛的发展势头。

2010 年 12 月，CFCA 发布了《2010 中国电子银行调查报告》，第一次增加了对手机银行的用户调查。报告显示，2010 年，全国地级市以上人口中，个人手机银行用户比例为 5.3%，比 2009 年增长了 1.5 个百分点，虽取得较快发展，但绝对比例仍旧较低账户查询功能是活动用户使用最多的手机银行功能，其次是转账汇款和缴费功能。与此同时，手机银行活动用户对目前手机银行不满意因素主要集中在功能少、操作响应慢、登陆慢和费用不明等方面，其中“慢”是非常突出的缺陷。如何改进和完善易用性、安全性的用户体验将是手机银行今后发展的主要目标之一[㊀]。

2011 年，中国电子银行业务实现了持续增长，手机银行业务也展现出巨大潜力。与 2010 年相比，用户主动开通手机银行的比例有较大幅度的提升，手机银行活动用户对小额快速转账的潜在需求最大。“方便快捷、随时随地使用”是吸引用户开通手机银行的最大动力；安全性是选择手机银行品牌的核心考虑因素；相比 2010 年，手机银行网上缴费功能使用比例与个人网银的差异缩小（由 18.5%降低为 5%）；虽然手机银行投资理财比例还比较低，但手机银行现有投资理财用户对买卖黄金、国债和保险等业务的偏好性日益增长。与此同时，安全性仍旧是用户普遍关注的焦点，58.5%的受访用户表示安全性是其选择手机银行品牌时核心的考虑因素[㊁]。

整体而言，从 2010 年起，手机银行开始在我国电子银行发展进程中崭露头角，成为继网上银行之后行业内普遍重视的一个发展领域。根据调查结果显示，2010～2011 年，手机银行业务在手机网民中的使用率有显著提高，2010 年 7 月的调查结果为 36.8%，2011 年 2 月已经升至 52.2%。同时，手机银行业务开始逐渐向中年人群扩散，相对应的，2011 年 2 月调查的手机银行用户的个人月收入均高于 2010 年 7 月用户的收入水平。人群结构的优化，预示着手机银行业务良好的发展前景[㊂]。

还有一点值得注意的是，据 CFCA 的数据显示，2010 年全国第三方支付

㊀ 中国金融认证中心，《2010 中国网上银行调查报告》，2010 年 12 月。
㊁ 中国金融认证中心，《2011 中国网上银行调查报告》，2011 年 12 月。
㊂ 3G 门户，《2011 中国手机银行用户调研报告》，2011 年 3 月。

用户的比例达到 19%，而在使用第三方支付的用户中，有近 80%开通了网上银行，有 14%开通了手机银行服务[1]。仅从支付增长这一维度来看，网上支付、电话支付和移动支付相比较，移动支付业务笔数增长百分比、金额增加百分比均最高，说明从 2010 年开始，移动支付正经历着快速的发展和普及。

来自央行和 CFCA 的数据显示了近年来我国网上银行和手机银行发展的宏观趋势，从数据中不难看出，网上银行用户的发展态势呈连年持续增加状态，且随着电子银行功能的不断优化和日趋完善，无论是个人还是企业对网上银行的使用深度将会继续增加。而对于手机银行而言，目前我国的手机用户已突破 9 亿，是世界最大的移动市场。随着移动互联网与移动电子商务的迅速发展，截至 2010 年 12 月，中国移动电子商务实物交易规模已达 26 亿，同比增长了 370%[2]。作为移动电子商务的重要分支，移动支付势必成为未来发展的主要方向，因此手机银行将会成为移动互联网时代银行业开拓市场空间的重要发展领域。

1.6 研究说明

1.6.1 覆盖范围

调查中银行业务类及电子银行监测覆盖 21 家国内银行、5 家境内外资银行。21 家国内银行包括五大国有商业银行（以下简称国有五大行）、11 家其他全国性股份制商业银行、5 家跨地区性地方银行。

在电子商城部分，由于境外银行在境内未设立商城，故关于商城的监测只覆盖国内银行。其中包括国有五大行，10 家其他全国性股份制商业银行以及 4 家跨地区性地方银行，共计 19 家银行。邮政储蓄银行并未开设网上商城业务，南京银行电子商城上线时间与监测时间重合度极高，网站建设未完全，故未进行电子商城的监测。银行监测体系及银行电子商务监测体系框架如图 1-13、图 1-14 所示。

[1] 中国金融认证中心，《2010 中国网上银行调查报告》，2010 年 12 月。
[2] 和讯网：《央行再调研：移动支付标准渐近标准之战升级》，http://bank.hexun.com/2011-12-17/136405052.html。

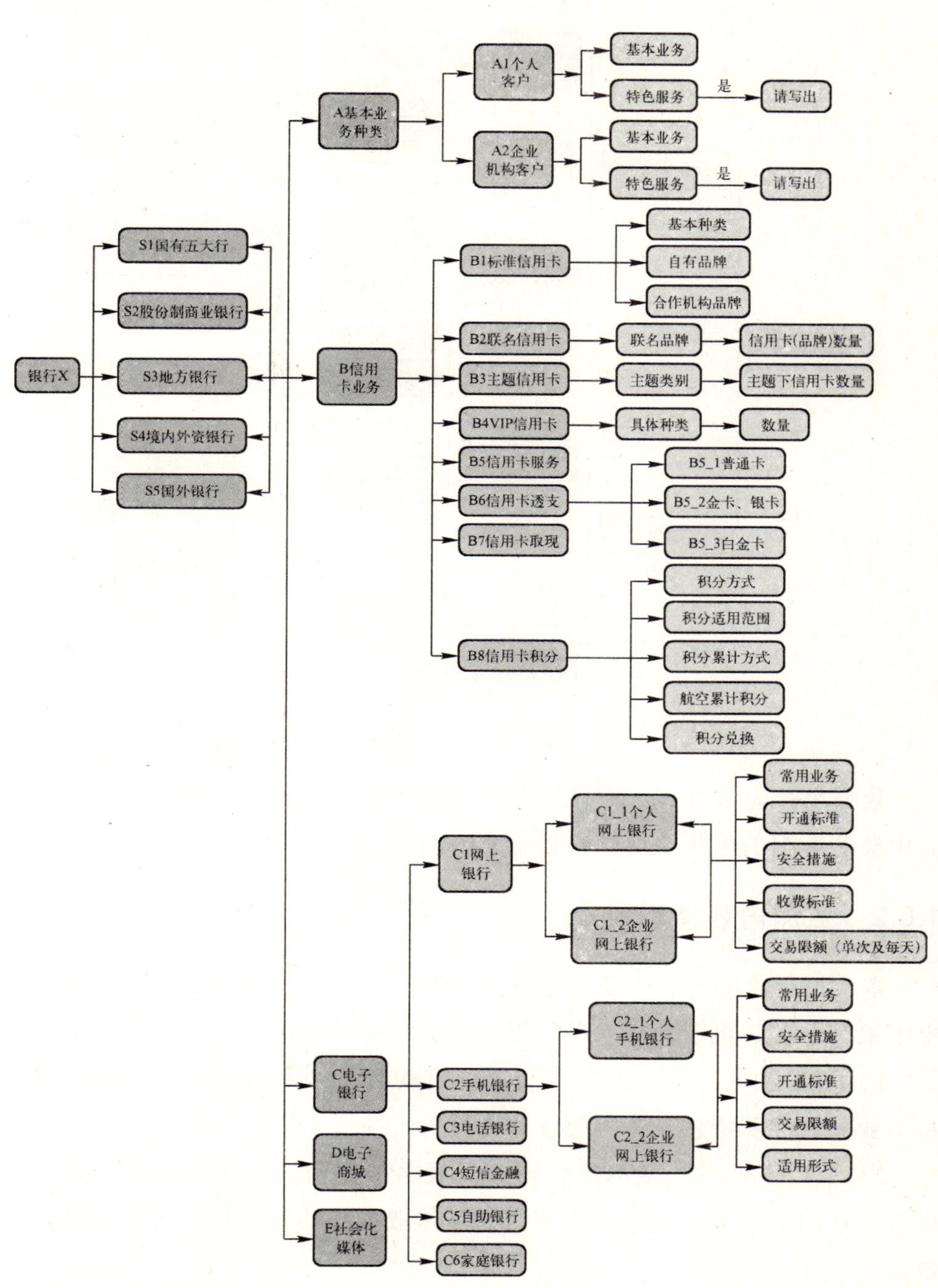

图 1-13　银行监测体系框架

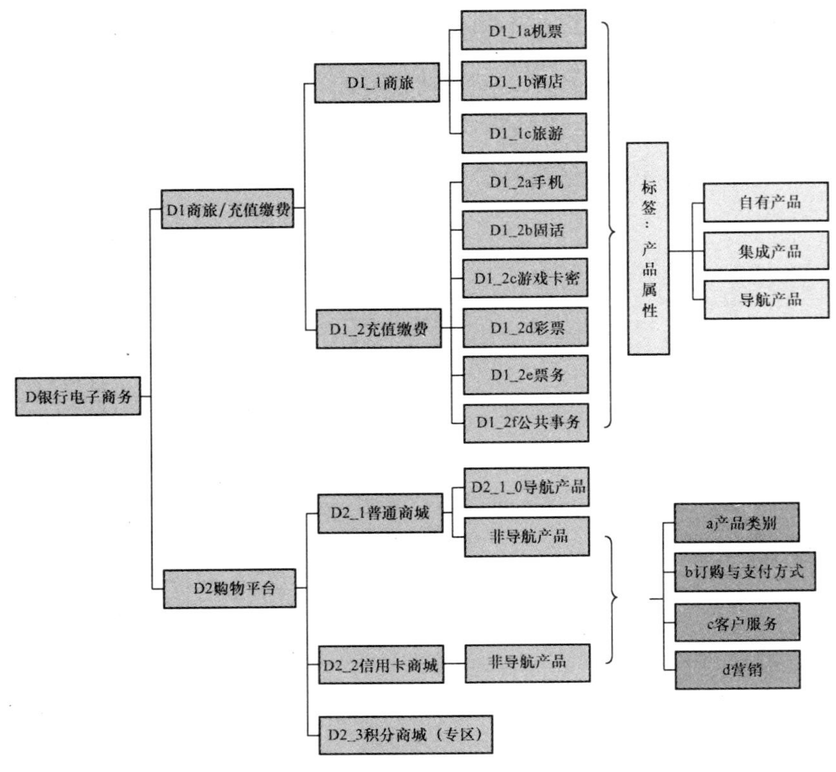

图 1-14　银行电子商务监测体系框架

数据来源为银行官方网站、公布财报、新闻资讯等公开的二手资料。其中监测数据的采集主要来自银行官方网站。

1.6.2　监测内容体系划分

本次银行监测内容主要覆盖 5 大部分：银行基本业务、信用卡业务、电子银行业务、电子商城业务、银行社会化媒体推广。

1）基本业务：从个人客户与企业机构客户两个维度进行监测。包括基本业务种类和特色业务种类（开放性）。

2）信用卡业务：从标准信用卡、联名信用卡、主题信用卡、VIP 信用卡、信用卡服务、信用卡透支、信用卡取现和信用卡积分 8 个维度进行监测。

3）电子银行：由网上银行、手机银行、电话银行、短信金融、自助银行 5 个类别组成。本次监测侧重于网上银行和手机银行，其他 3 类尚未列入监测指标。网上银行分为个人网上银行和企业网上银行，手机银行分为个人手机银行和企业手机银行。

4）电子商城：该部分为重点监测内容，故搭建独立的监测框架和指标体系。

对于电子商城的监测分为商旅/充值缴费服务和购物平台两类，后者又区分为普通商城、信用卡商城和积分商城，解释如下。

普通商城：只要持有该银行网银即可消费。

信用卡商城：只能使用该家银行信用卡支付，支付方式多样，涵盖电话登记信用卡信息等。

积分商城（专区）：少部分银行单独将积分兑换命名为商城，故将其作为较特殊部分一并纳入监测体系。

5）银行社会化媒体化推广：主要对银行的社会化媒体推广渠道进行监测，并重点关注各银行的新浪微博运营状况。

1.6.3　各部分指标具体说明

1．基本业务

1）理财指标：各银行在存、取、转等基本业务上差异不大，指标没有进行细分。在理财上（这里指广义上的理财。理财分为广义和狭义，广义指基金、股票等不同的理财业务种类，狭义指理财产品）进行了细分，将基金、股票、期货、贵金属等具体指标列入监测框架，以寻找银行间差异。

2）理财产品/套餐数量：细化到具有不同名称的理财产品，如利得盈、汇得盈，一个产品或套餐下设分期（1、2、3 期或 3 个月、6 个月等），产品数量只记 1 个。

2．信用卡业务

1）信用卡划分标准：目前信用卡划分标准主要有以下四种。

- 信用卡按使用对象划分：单位卡和个人卡。
- 按信誉等级划分：白金卡、金卡和普通卡。

- 按币种划分：人民币卡、国际卡、双币种卡。
- 按信用卡性质划分：标准信用卡、联名信用卡、主题信用卡、VIP信用卡。

本监测采用第四种，从信用卡的性质维度进行划分。

2）联名信用卡：指银行与第三方商户或品牌进行合作专门推出的品牌信用卡，如工银东航联名卡、周大福牡丹信用卡。此处，品牌专指全国性或跨区域品牌，如国美、苏宁，个别情况下，地区性较为知名品牌也列入其中，如大悦城、王府井百货。一般来说，联名信用卡并不针对某一具体省、市发行，而在全国范围内通行。

3）区域联名卡：指银行或该银行的某地分行与某一省、市级别的商户或品牌进行合作，专在某一省、市发行的地方联名卡。

4）主题信用卡：指银行没有特别和某一品牌合作，而是以主题形式推出的信用卡。如工商银行的“牡丹运动卡”，可以在遍布全国的运动场馆、健身俱乐部、体育专卖店、运动会所等特惠商户刷卡消费。若一张卡既和某一品牌联名，又可归为某一主题，则优先归入联名卡类别，不进行重复计算。

5）联名卡卡片数量（统计标准）：某一品牌联名信用卡下设不同卡片分别计入数量。若下设卡片在业务、针对的发卡人群、享受的服务等方面毫无差别，只是在卡片外形等表面因素上有所区别，如分为不同的颜色系列共 7 张卡，在卡片数量上仍记为 1。

3. 电子银行业务

1）网上银行：甄别该家银行的网上银行是否区分企业和个人，若不区分，则将其归入个人网上银行进行数据监测，企业网上银行不再重复监测。

2）手机银行：甄别标准同网上银行。

4. 电子商城业务

（1）体系说明

监测体系将产品属性划分为三类：自有产品、集成产品和导航产品，解释如下。

1）自有产品：产品完全归银行自有，包括数据及产品来源、支付平台、客服售后等。

2）集成产品：数据及产品来源由第三方商户提供，但最终支付终端由该银行搭建。

3）导航产品：只存在指向其他网站的链接，该银行只提供导航功能。

在商旅/充值缴费服务中，少数银行有机票、酒店预订的自有产品。在购物平台中，由于商城中的商品大多为第三方供货商提供，故商城只作集成产品与导航产品的区分，普通商城若为导航产品则不进行后续数据监测。

特殊说明：

- 银行网站中若存在信用卡分区购物专区，则将其视为信用卡商城。
- 中国工商银行及中国建设银行商城的产品既可使用信用卡分期支付，又可使用普通借记卡全额支付，将其视为同时拥有普通商城与信用卡商城；交通银行积分商城同时可使用信用卡支付，将其视为同时拥有积分商城与信用卡商城。

（2）具体说明

1）商旅/充值缴费业务：监测的服务包括机票、酒店预订，旅游产品，手机充值，固话缴费，游戏卡密以及彩票业务等。公共事务（煤气水电）因地方差异性较大暂未列入监测体系。

其中机票、酒店预订区分是否为信用卡专享，并监测其合作服务商；旅游产品、手机充值监测相应的合作服务商；固话缴费、游戏卡密、彩票业务只监测是否有此项服务以及该产品的类型。

2）购物平台：产品大类包括手机数码、电脑/办公、家用电器、钟表首饰、礼品箱包、个护化妆、家居百货、服装鞋帽、玩具/乐器、运动健康、食品饮料、图书音像等。

根据各家银行电子商城目前产品的丰富程度倾向，将监测重点放在手机数码、电脑/办公、家用电器、钟表首饰、礼品箱包，将其细分到品牌进行计数，即是否销售某一品牌的产品和该品牌下的产品数量。家居百货、服装鞋帽、玩具/乐器、运动健康、食品饮料、图书音像则暂未细分至品牌，仅按照子类别进行计数。

积分商城由于数量较少，体系划分仅精确到产品兑换方式以及产品数量（划分到小类）。

3）计数标准：最低一级指标为产品的外观及针对产品的组合搭配销售，相同型号不同颜色、质地等，按不同产品处理，进行多次计数；同时相同型号搭配不同的销售策略（搭配配件销售等），仍按不同产品处理，进行多次计数。

相同型号因供货商提供价格不同导致价格区别的，按同种产品处理，进行单次计数。

5．社会化媒体推广

本次监测仅对各银行的各新浪微博账号进行了细致化的监测，且内容监测截至 2012 年 1 月 3 日。对于其他社会化媒体仅作简略说明。

第 2 章　各银行基本业务

银行基本业务的监测分为个人业务和公司（机构）业务两部分，其中信用卡、电子银行、电子商务业务进行了单独的细化监测。本部分从宏观上分析对比各银行之间开设业务的种类、数量等详细情况。

2.1　国有五大行业务对比

从市场份额和银行规模上来看，国有五大行无疑在我国银行业中具有举足轻重的地位，通过对国有五大行在个人和企业两个层面的基本业务进行监测和对比，可以发现我国商业银行现阶段的一般业务结构和尚未开拓的市场空白点；而银行间业务具体差异情况的比较，则显示了五大银行基本业务结构的完整程度和各个银行的经营特色。

如表 2-1 所示，五大行的业务覆盖全面，在零售业务上，工商银行、中国银行和交通银行覆盖了所有零售业务，农业银行未提供期货和股票业务，建设银行未提供期货服务（VIP 服务）。

在公司业务上，农业银行没有专门针对公司的股票和期货业务，建设银行没有专门针对公司的保险、股票、期货、基金业务，建设银行和交通银行都未提供针对公司的理财产品。工行和中国银行的业务覆盖最为全面。对企业而言，除了利用银行管理资产、代发工资等，空闲资金可以通过银行的理财业务进行投资，从这个层面看，为企业（尤其是中小企业）提供相应的理财产品相当于提供了一站式的服务，有利于提高用户粘度。

五家银行均未提供针对企业的手机银行服务，目前的手机银行服务并不区分个人版和企业版，企业版手机银行存在市场空白，而由于个人同企业在使用诉求上的区别，提供专门的企业手机银行更具有竞争优势。

各家银行都有自己的特色业务，由于农业银行、建设银行、交通银行的独特属性，其分别开设了三农、房改金融、汽车供应链金融的特色服务。值得注意的是，工商银行于 2010 年 11 月 22 日率先整体推出移动金融服务——命名为“工银移动银行”的子品牌，涵盖了短信手机银行、WAP 手机银行、iOS 手机银行、Android 手机银行、iPad 个人网银等一系列移动金融产品，将移动业务进行整合化、品牌化运营。

表 2-1　国有五大银行业务对比

业务划分	业务名	工商银行	农业银行	建设银行	中国银行	交通银行
个人业务	电子银行	●	●	●	●	●
	私人银行	●	●	●	●	●
	银行卡	●	●	●	●	●
	外汇	●	●	●	●	●
	保险	●	●	●	●	●
	贵金属	●	●	●	●	●
	股票	●	○	●	●	●
	基金	●	●	●	●	●
	期货	●	○	○	●	●
	债券	●	●	●	●	●
	理财产品套餐	●	●	●	●	●
	特色业务	●	●	●	●	●
公司业务	存取款服务	●	●	●	●	●
	贷款服务	●	●	●	●	●
	支付结算	●	●	●	●	●
	融资融信	●	●	●	●	●
	国际贸易	●	●	●	●	●
	债券	●	●	●	●	●
	保险	●	●	○	●	●
	股票	●	○	○	●	●
	期货	●	○	○	●	●

（续）

业务划分	业务名	工商银行	农业银行	建设银行	中国银行	交通银行
公司业务	基金	●	●	○	●	●
	贵金属	●	●	●	●	●
	现金管理	●	●	●	●	●
	理财产品套餐	●	●	○	●	○
	资产托管	●	●	●	●	●
	企业年金	●	●	●	●	●
	投资银行	●	●	●	●	●
	金融咨询	●	●	●	●	●
	企业网银	●	●	●	●	●
	企业手机银行	○	○	○	○	○
	特色服务	●	●	●	●	●

注：1. 数据来源自第一象限，银行业监测研究。
2. ●表示有该项服务，○表示无该项服务。

2.2 其他全国性股份制商业银行业务对比

全国性股份制商业银行是国有五大行之外我国银行业的一股重要力量。如表 2-2 所示，与国有五大行相比，全国性股份制商业银行在总体上业务覆盖面明显有所降低，在投资理财产品和手机银行方面存在较大发展空间。但其中并不缺乏在业务覆盖面和特色业务发展方面可以对五大行形成竞争态势的银行，这些银行不仅基本业务覆盖范围全面，且在特定业务领域独具特色，在细分市场和品牌差异化发展方面都体现出自身独特的优势。

在全国性股份制商业银行中，招商银行、浦发银行、华夏银行、中信银行、民生银行的业务覆盖面最广，同其他银行的对比中，主要的区别体现在上述银行在公司业务上涵盖较广。同国有五大行不同的是，招商银行、中信银行、深圳发展银行（以下简称为深发银行）、浦东发展银行（以下简称为浦发银行）有专门针对企业的手机银行。公司业务中，仅有中信银行、民生银行未推出金融咨询业务。

表 2-2　全国性股份商业银行业务对比

业务划分	业务名	招商银行	中信银行	民生银行	兴业银行	平安银行	深发银行	光大银行	浦发银行	华夏银行	广发[1]银行	邮政储蓄银行
个人业务	电子银行	●	●	●	●	●	●	●	●	●	●	●
	私人银行	●	●	●	●	○	○	●	●	●	●	○
	银行卡	●	●	●	●	●	●	●	●	●	●	●
	外汇	●	●	●	●	●	●	●	●	●	●	●
	保险	●	●	●	●	●	○	○	●	●	●	●
	贵金属	●	●	●	●	○	●	●	●	●	●	○
	股票	●	●	●	○	○	○	○	●	●	○	○
	基金	●	●	●	●	●	●	●	●	●	●	●
	期货	●	●	●		○	○	○	●	○	○	○
	债券	●	●	●	●	○	●	●	●	●	○	●
	理财产品套餐	●	●	●	●	●	●	●	●	●	●	●
	特色业务	●	○	○	●	○	●	●	●	●	○	●
公司业务	存取款服务	●	●	●	●	●	●	●	●	●	●	●
	贷款服务	●	●	●	●	●	●	●	●	●	●	●
	支付结算	●	●	●	●	●	●	●	●	●	●	●
	融资融信	●	●	●	●	●	●	●	●	●	●	●
	国际贸易	●	●	●	●	●	●	●	●	●	●	●
	债券	●	●	●	○	●	●	○	●	●	●	●
	保险	●	●	●	○	○	●	○	●	●	●	●
	股票	●	●	●	○	○	○	○	●	●	○	○
	期货	●	●	●	●	○	○	○	●	●	○	○
	基金	●	●	●	●	○	○	●	●	●	○	●
	贵金属	●	●	●	○	●	●	○	●	●	○	○
	现金管理	●	●	●	●	●	●	●	●	●	●	●
	理财套餐	●	●	●	○	●	●	●	●	●	○	●
	资产托管	●	●	●	○	○	○	●	●	●	●	●
	企业年金	●	●	●	○	○	○	●	●	●	●	○
	投资银行	●	●	●	●	●	○	●	●	●	○	●
	金融咨询	●	○	○	●	●	●	●	●	●	●	●

[1] 2011 年 4 月 8 日，经监管机构和相关政府部门批复同意，原注册名称“广东发展银行股份有限公司”更改为“广东银行股份有限公司”，故本书采用“广东银行”的称谓。

（续）

业务划分	业务名	招商银行	中信银行	民生银行	兴业银行	平安银行	深发银行	光大银行	浦发银行	华夏银行	广发银行	邮政储蓄银行
公司业务	企业网银	●	●	●	●	●	●	●	●	●	●	●
	手机银行	●	●	○	○	○	●	○	●	○	○	○
	特色服务	●	○	○	●	●	●	●	●	●	○	○

注：1. 数据来源自第一象限，银行业监测研究。
2. ●表示有该项服务，○表示无该项服务。

值得留意的是，招商银行发展迅速，尤其在电子银行和信用卡上都独具特色，同五大国有银行相比，毫不逊色，详细分析见后文。

2.3 地方（城市）银行业务对比

如表 2-3 所示，地方（城市）银行受区域经济发展水平和地区差异等因素影响较大，不同地区地方（城市）银行之间业务结构差异较大，且在基本业务结构覆盖面上基本都无法与国有商业银行以及全国性股份制银行相提并论，它们的业务选择主要依据所在区域的经济发展需要进行调整，专注于区域化经营，注重与当地政府和企业之间的合作。

相比而言，地方银行由于发展起步较晚，经营地域受限，开展的业务较少，样本所选取的五家地方银行中仅有北京银行和宁波银行的业务相对全面，也仅有北京银行开设了私人银行服务。五家银行里，北京银行和宁波银行的公司业务较多，而其他三者大多只提供了基本的金融服务。

从特色业务上看，北京银行针对个人客户推出了“保管箱”业务，即以出租保管箱的形式代客户保管重要文件、有价单证、稀贵金属、金银首饰、现金存折、古玩字画等贵重物品的服务性业务。杭州银行针对企业用户推出了卓越计划、星火计划、起飞计划、大客户服务计划等服务，汉口银行则为客户提供企业注册验资专用存款证明、上门现金服务等。宁波银行的公司银行业务市场定位以中小企业为主体，推出了针对中小企业全面金融服务的“金色池塘”业务，并提供了一系列融资、理财、增值产品。

全国性银行在业务上优势明显，地方性银行的业务则多针对特定的区域，业务的地域覆盖面较小，因而专注于区域性经营。

表 2-3 地方（城市）银行业务对比

业务划分	业务名	北京银行	杭州银行	汉口银行	宁波银行	南京银行
个人业务	电子银行	●	●	●	●	●
	私人银行	●	○	○	○	○
	银行卡	●	●	●	●	●
	外汇	●	●	●	●	●
	保险	●	○	●	●	●
	贵金属	●	●	●	●	●
	股票	○	○	○	○	○
	基金	●	●	●	●	●
	期货	○	○	○	○	○
	债券	●	●	●	●	●
	理财产品套餐	●	●	●	●	●
	特色业务	●	●	●	●	●
公司业务	存取款服务	●	●	●	●	●
	贷款服务	●	●	●	●	●
	支付结算	●	●	●	●	●
	融资融信	●	●	●	●	○
	国际贸易	●	●	●	●	●
	债券	●	●	●	●	●
	保险	●	●	●	●	○
	股票	●	○	○	●	○
	期货	○	○	○	○	○
	基金	●	●	●	●	○
	贵金属	●	●	●	●	○
	现金管理	●	●	●	●	●
	理财产品套餐	●	○	○	●	●
	资产托管	●	●	○	○	●
	企业年金	●	●	●	●	○
	投资银行	●	●	●	●	○
	金融咨询	●	○	●	●	○
	企业网银	●	●	●	●	●
	企业手机银行	○	○	○	○	○
	特色服务	○	●	●	●	○

注：1. 数据来源自第一象限，银行业监测研究。
2. ●表示有该项服务，○表示无该项服务。

2.4 外资境内银行业务对比

外资境内银行与国内银行相比，并不强调基本业务的全面覆盖，大多只提供最基本的银行服务，银行间业务差异也多集中在基本服务层面。外资境内银行发展的重点和优势集中在国际业务领域，这是其实现市场细分和差异化发展的主要手段。

境内外资选取的五家银行当中，汇丰银行、花旗银行和渣打银行进入中国相对较早（皆为 2007 年），开设了私人银行和理财业务，相比新韩银行和韩亚银行业务更全面。境内外资银行同国内银行相比，无论零售业务还是公司业务都较少，例如贵金属、期货、股票、基金等投资理财业务基本为空，并且大都未提供信用卡服务，如表 2-4 所示。不过由于其国际性背景，国际业务是其优势所在，例如汇丰银行的两岸三地业务和国际银行服务等。随着国有大型银行的海外扩张，例如中国银行的香港分行，银行间的国际业务竞争将加剧。

表 2-4　外资境内银行业务对比

业务划分	业务名	汇丰中国	花旗银行	渣打银行	新韩银行	韩亚银行
个人业务	电子银行	●	●	●	●	●
	私人银行	●	●	●	○	○
	银行卡	●	●	●	●	●
	外汇	●	○	○	●	●
	保险	●	●	○	○	○
	贵金属	○	○	○	○	○
	股票	○	○	○	○	○
	基金	●	●	○	○	○
	期货	○	○	○	○	○
	债券	●	●	○	○	○
	理财产品套餐	●	●	●	○	○
	特色业务	●	○	●	●	●
公司业务	存取款服务	●	○	●	●	●
	贷款服务	●	●	●	●	●
	支付结算	●	○	●	●	●
	融资融信	●	●	●	○	●
	国际贸易	●	●	●	●	●
	债券	○	○	○	○	○

（续）

业务划分	业务名	汇丰中国	花旗银行	渣打银行	新韩银行	韩亚银行
公司业务	保险	○	○	○	○	○
	股票	○	○	○	○	○
	期货	○	○	○	○	○
	基金	○	○	○	○	○
	贵金属	○	○	○	○	○
	现金管理	●	●	●	○	○
	理财产品套餐	●	●	○	○	○
	资产托管	○	○	○	○	●
	企业年金	○	○	○	○	○
	投资银行	○	○	○	○	○
	金融咨询	●	○	○	○	○
	企业网银	●	○	●	●	●
	企业手机银行	○	○	○	○	○
	特色服务	●	○	●	○	●

注：1. 数据来源自第一象限，银行业监测研究。
2. ●表示有该项服务，○表示无该项服务。

2.5 银行间个人理财产品套餐数对比

在基本银行业务市场竞争趋于饱和的情况下，“中间业务”和“第三方业务”成为国内银行金融创新、提升非传统业务盈利占比的重要手段。其中销售理财产品是各大银行所采取的较为普遍的一种业务形式，分析银行间个人和企业理财产品的总体规模，是研究不同银行金融服务意识和创新意识的有效途径和方法。

如图 2-1 所示，从“个人理财产品套餐数”这个维度来看，国有大型银行仍然具有明显优势，其中中国银行和工商银行的理财产品套餐数量最多。不过以招商银行、民生银行为代表的全国性大型股份商业银行同样提供了丰富的理财产品选择，部分股份商业银行的理财产品丰富度甚至超过了建设银行和交通银行。在地方银行当中，宁波银行的理财产品数最多，这与其积极拓展中高端客户的发展战略有关。由于存取款类基本业务各银行间区别不大，所以随着中国家庭理财观念的增强，丰富的理财产品选择无疑将会增加银行在市场上的竞争优势。

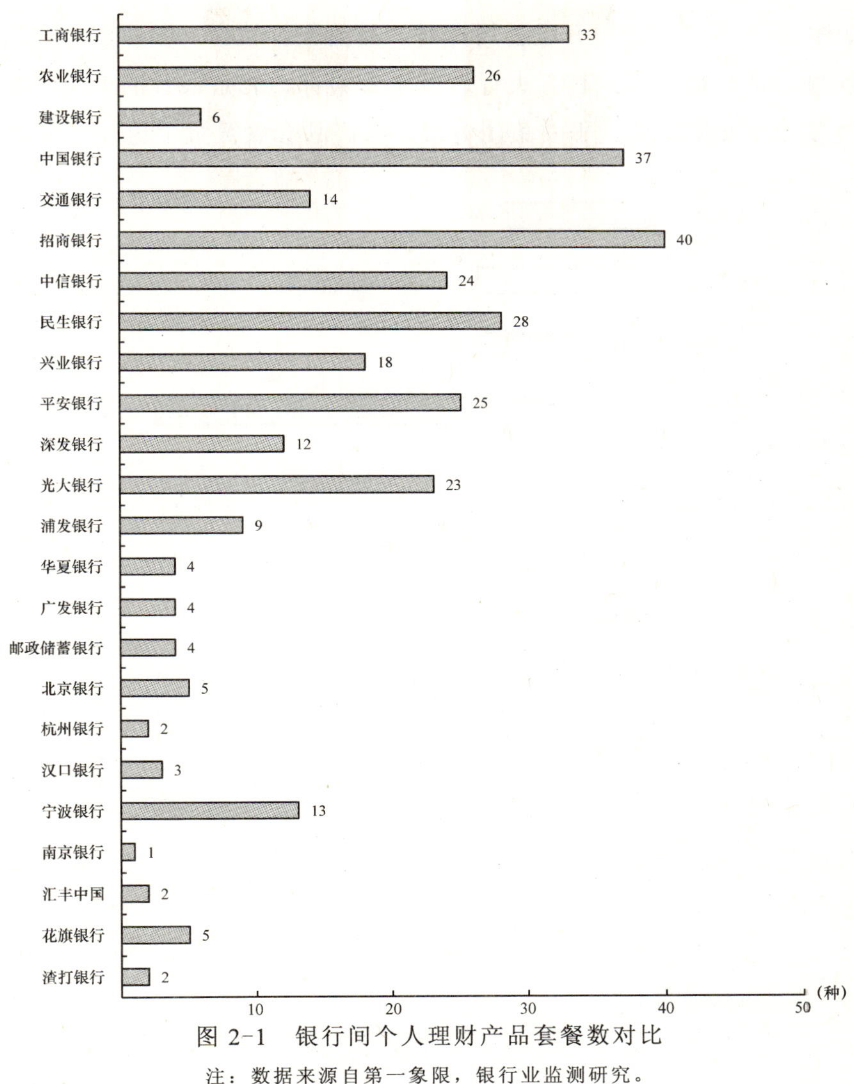

图 2-1　银行间个人理财产品套餐数对比

注：数据来源自第一象限，银行业监测研究。

2.6　银行间公司理财产品套餐数对比

与个人理财产品相比，银行的公司理财产品发展水平相对滞后，银行间差异也更为明显，从监测结果来看，该领域依然存在较大的市场发展空间。

如图 2-2 所示，专门开设公司理财产品的银行较少，招商银行在这方面独具优势，甚至超过了国有五大行，而平安银行、北京银行的理财产品套餐数也较多。平安银行依托平安集团背景，在产品套餐数量上也较为丰富。

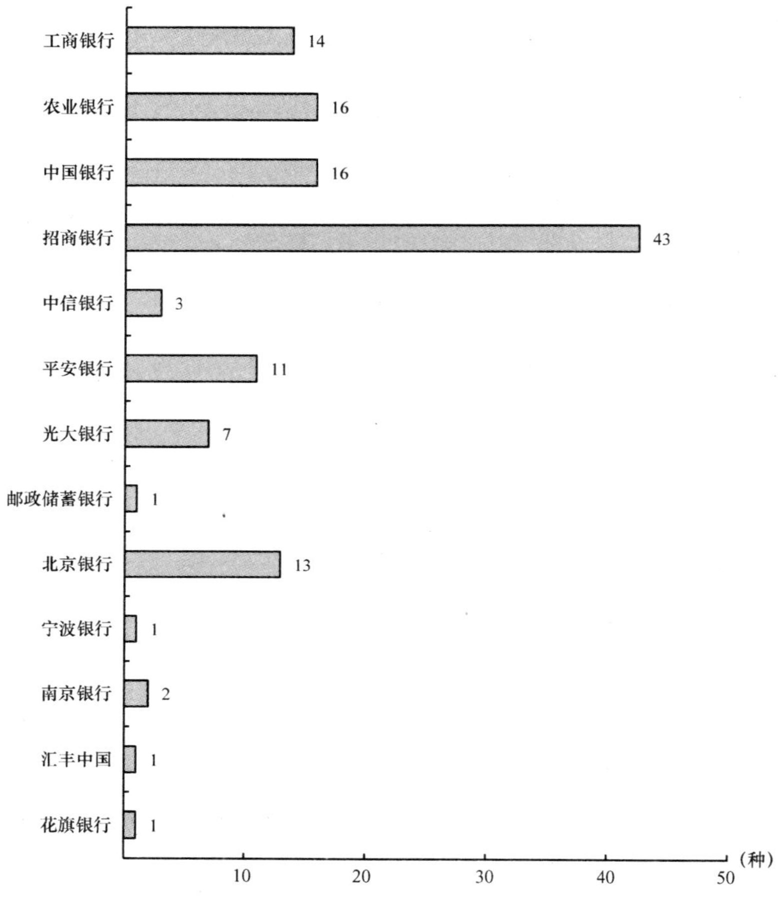

图 2-2　银行间公司理财产品套餐数对比

注：数据来源自第一象限，银行业监测研究。

第 3 章　各银行信用卡业务

信用卡作为一种便捷的支付手段，与人们的日常消费密切相关，随着我国居民消费水平的不断提高和消费理念的不断转变，信用卡业务已经逐渐成为银行日常业务中的一个重要组成部分。本章将通过对各家商业银行信用卡的基本种类、卡种结构和丰富度、信用卡积分方式和积分使用情况等进行监测，分析商业银行信用卡业务的整体发展水平和银行间的发展差异。

由于外资境内银行多未能独立发行信用卡，因此信用卡监测将只覆盖国有五大行、大型股份制商业银行以及地方银行等国内银行部分。

3.1 标准信用卡

标准信用卡指各家银行推出的符合银联、Visa 或 Master Card 等组织标准的信用卡，它不含任何主题特色、不与任何商家联名，是一家银行发行的信用卡中最基础的部分。监测银行标准信用卡的基本种类分布情况和合作机构数量，是分析商业银行信用卡业务的基础。

3.1.1 各银行发行标准信用卡基本种类

本次监测将标准信用卡分为普通人民币卡、双币卡、EMV 标准信用卡、贷记卡与准贷记卡五种类型，各家银行的拥有情况如表 3-1 所示。

由于此次监测范围限定为中国地区，因此 21 家银行无一例外地发行了普通人民币卡，作为可以同时拥有人民币与外币账户结算的双币卡来说，发行情况也较为良好，除平安银行、杭州银行与南京银行外，其他 18 家银行均同时发行了普通人民币卡及双币卡。

EMV 标准信用卡代表着银行卡由磁条卡向芯片卡的转换升级趋势，能够更好地保护持卡人的安全。2005 年 12 月 16 日，工商银行与万事达国际组织正式推出国内首张 EMV 标准信用卡，2008 年 4 月 18 日，工商银行与 Visa 国际组织合作推出国内首张符合 EMV 标准的双币种信用卡。作为新兴的发展趋势，在 EMV 标准信用卡的发行上，国有五大行具有明显的优势，其他银行中除华夏银行与杭州银行外，均未发行该类信用卡。

最后，在贷记卡与准贷记卡的发行中，由于贷记卡可以实现“先消费后还款”的功能，而准贷记卡则必须由持卡人先行在账户中存入一定金额的备用金方可进行消费，因此前者更符合“信用卡”的实际定义，各家银行的发行情况也能说明上述这一特点。在贷记卡的发行中，除广发银行、北京银行及南京银行外，其他 18 家银行均有发行；而在准贷记卡的发行中，除国有五大行外，只有浦发银行与华夏银行发行。

表 3-1　各银行发行标准信用卡种类对比

银行名称	普通人民币卡	双币卡	EMV 标准信用卡	贷记卡	准贷记卡
工商银行	●	●	●	●	●
农业银行	●	●	●	●	●
建设银行	●	●	●	●	●
中国银行	●	●	●	●	●
交通银行	●	●	●	●	●
招商银行	●	●	○	●	○
中信银行	●	●	○	●	○
民生银行	●	●	○	●	○
兴业银行	●	●	○	●	○
平安银行	●	○	○	●	○
深发银行	●	●	○	●	○
光大银行	●	●	○	●	○
浦发银行	●	●	○	●	●
华夏银行	●	●	●	●	●
广发银行	●	●	○	○	○
邮政储蓄银行	●	●	○	●	○
北京银行	●	●	○	○	○
杭州银行	●	○	●	●	○
汉口银行	●	●	○	●	○
宁波银行	●	●	○	●	○
南京银行	●	○	○	○	○

注：1. 数据来源自第一象限，银行业监测研究。

2. ●表示有该项服务，○表示无该项服务。

因此，从标准信用卡的发行来看，国有五大行占据绝对的优势，无论是在与国际接轨的 EMV 标准信用卡上还是在发行需求量较小的准贷记卡上都能体现出来。而在其他全国性股份制商业银行中，华夏银行的信用卡业务发展较为抢眼，五种信用卡均有发行；地方银行的发展总体较弱。

3.1.2　各银行标准信用卡合作发卡机构品牌

本次银行业监测的标准信用卡合作发卡机构共有六家，分别是：美国“维萨”（Visa），美国“万事达”（Master Card），美国“运通”（American Express），中国“银联”（China Union），日本“日财卡”（JCB）以及美国“大莱卡”（Diners Card）。各银行与其合作情况如表 3-2 所示（由于本次数据尚未监测到与大莱卡合作发行的信用卡，故不在表中做详述）。

作为由国务院同意，中国人民银行批准设立的中国银行卡联合组织，中国银联是境内成立的唯一一家权威支付清算组织，因此在本次监测中的 21 家银行均与银联合作发行了标准信用卡。普及率位于其次的为万事达国际组织，它与除深发银行、邮政储蓄银行、汉口银行以及南京银行以外的 17 家银行合作发行了标准信用卡。维萨国际组织以 16 家银行的合作量紧随其后位于第三位，未与其合作的为平安银行、邮政储蓄银行、汉口银行、宁波银行与南京银行。运通与日财卡的合作银行相对较少，合作银行分别为 4 家和 5 家。

表 3-2　各银行合作发卡机构品牌对比

银行名称	维萨（Visa）	万事达（Master Card）	运通（American Express）	银联（China Union）	日财卡（JCB）
工商银行	●	●	●	●	●
农业银行	●	●	○	●	○
建设银行	●	●	○	●	●
中国银行	●	●	●	●	●
交通银行	●	●	○	●	○
招商银行	●	●	●	●	○
中信银行	●	●	●	●	○
民生银行	●	●	○	●	○
兴业银行	●	●	○	●	○

（续）

银行名称	维萨（Visa）	万事达（Master Card）	运通（American Express）	银联（China Union）	日财卡（JCB）
平安银行	○	●	○	●	●
深发银行	●	○	○	●	○
光大银行	●	●	○	●	●
浦发银行	●	●	○	●	○
华夏银行	●	●	○	●	○
广发银行	●	●	○	●	○
邮政储蓄银行	○	○	○	●	○
北京银行	●	●	○	●	○
杭州银行	●	●	○	●	○
汉口银行	○	○	○	●	○
宁波银行	○	●	○	●	○
南京银行	○	○	○	●	○

注：1. 数据来源自第一象限，银行业监测研究。

2. ●表示有该项服务，○表示无该项服务。

因此从各家银行合作发卡机构品牌来看，国有五大行的优势依旧存在，然而这种优势不如基本种类中体现得明显，来自合作发卡机构的优势差异更多地体现在国有五大行加其他全国性股份制商业银行与地方银行之间，后者因发展区域有限，弱势体现得较为明显。分别来看，在国有五大行中，工商银行与中国银行的优势较为明显，与五家国际组织均存在合作关系，其次为建设银行，农业银行与交通银行表现较弱。在其他全国性股份制商业银行中，招商银行、中信银行及光大银行的表现较好，均与四家国际组织合作发行信用卡；邮政储蓄银行的信用卡业务发展较为落后，仅与中国银联合作发行标准信用卡。在地方商业银行中，总体表现较弱，其中北京银行和杭州银行的表现稍好，与三家国际组织进行了合作。

3.2 联名信用卡

联名信用卡是指银行与第三方商户或品牌进行合作专门推出的品牌信用卡，一方面银行借助第三方商户的品牌力量实现更大规模的客户覆盖，另一方面第三方商户也借助银行的品牌力量促进客户的消费，双方达到互利共赢的目标。本次数据监测涵盖的联名信用卡包括航空、酒店、旅游出行、团购网购、社交娱乐、电信服务、零售百货、金融/投资/保险、杂志、卡通等 10 个基本类别，其中区域联名卡为联名卡的特殊情况，主要是指银行或该银行的某地分行与某一省、市级别的商户或品牌进行合作，专在某一省、市发行并使用的地方联名卡，区域联名卡的发行量在某种程度上也体现了各家银行向下辐射纵深的能力。

3.2.1　各银行发行联名信用卡总体情况

如图 3-1 所示，在全国性发行的联名信用卡种类中，总体来看国有五大行具备一定的优势，其中工商银行更是拥有较大的领先优势。中国银行的表现较差，其他三家则多维持在 25～30 种之间。在其他全国性股份制

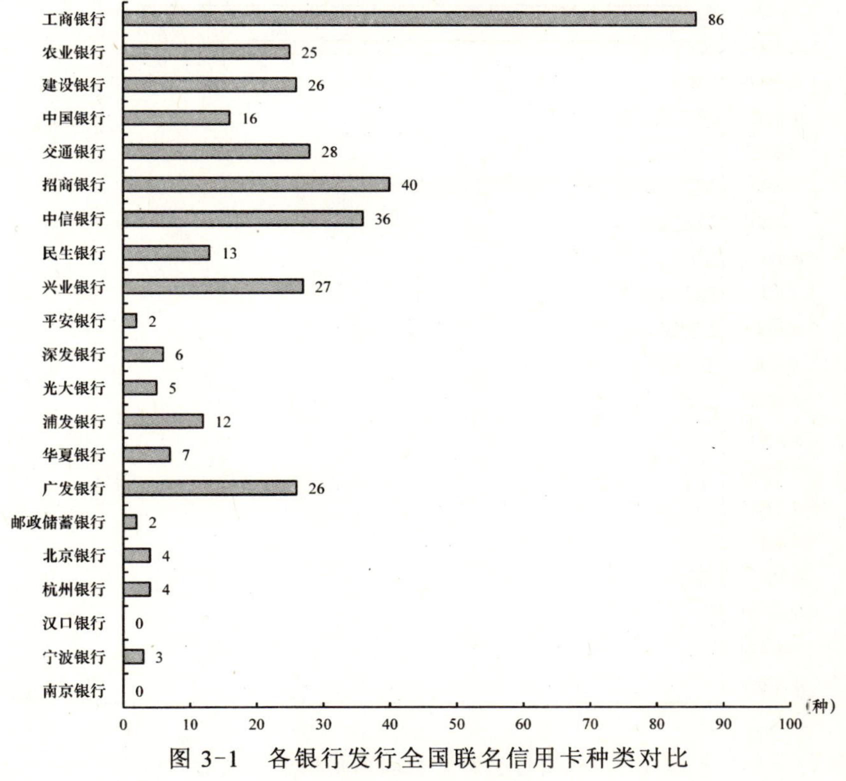

图 3-1　各银行发行全国联名信用卡种类对比

注：1. 数据来源自第一象限，银行业监测研究。

2. 联名信用卡种类计算方式为，当银行与某一品牌合作下设不同卡片时，每一种卡片分别计入种类数量，若卡片只在外观上有所区分，则不分别计入种类数量。

商业银行中，招商银行、中信银行以及兴业银行的表现较好，分别以 40 种、36 种及 27 种分列前三位，平安银行及邮政储蓄银行的表现较差，发行的全国性联名信用卡仅为 2 种。地方商业银行受经营地域的限制，发行的全国性联名信用卡总体较少，其中汉口银行与南京银行没有该类信用卡。

与全国性联名信用卡不同，国有五大银行在区域联名信用卡上并不具备整体的优势，而以工商银行与农业银行发行较多，其他三家银行发行较少为特点。在其他全国性股份制商业银行中，招商银行依旧以 72 种位居第一，显示出与其在全国性联名信用卡发行上同样的强劲态势。在地方商业银行中，南京银行依旧没有推出该类信用卡，而杭州银行则表现较好，在地方商业银行中遥遥领先，如图 3-2 所示。

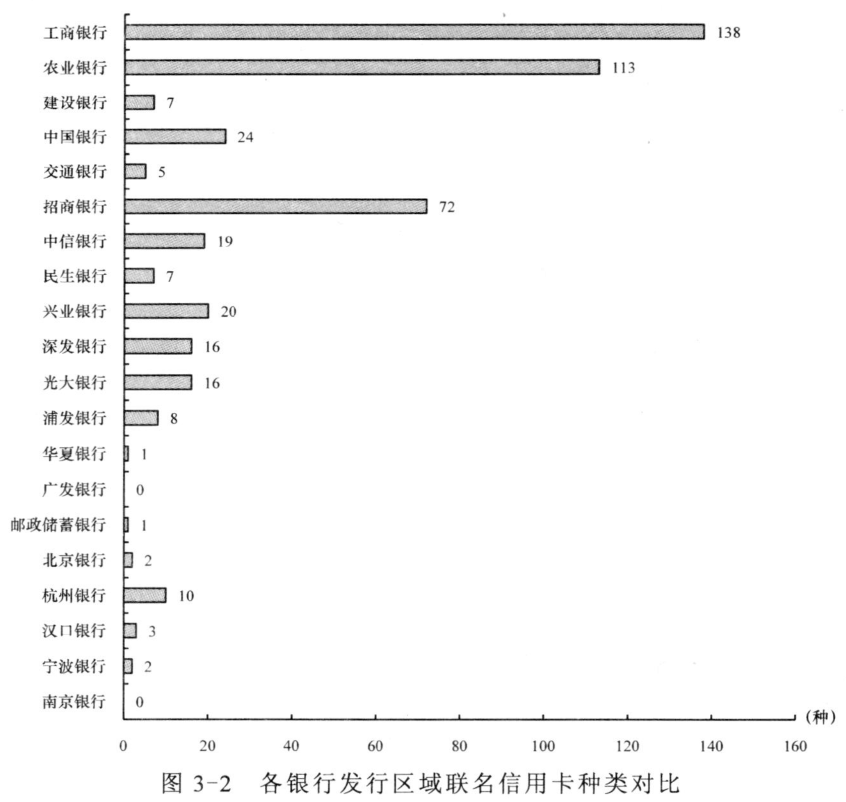

图 3-2　各银行发行区域联名信用卡种类对比

注：1. 数据来源自第一象限，银行业监测研究。

2. 联名信用卡种类计算方式为，当银行与某一品牌合作下设不同卡片时，每一种卡片分别计入种类数量，若卡片只在外观上有所区分，则不分别计入种类数量。

因此总体来看，国有五大行在联名信用卡的发行方面依旧具备一定的优势，其中工商银行的表现更是具备绝对的优势。在其他全国性股份制商业银行中，招商银行的表现十分抢眼。而地方商业银行由于地域的限制，品牌影响力有限，因此发行联名信用卡的数量也受到了一定的限制。

下面就全国性发行的联名信用卡种类一一进行分析（由于汉口银行与南京银行并未发行全国性联名信用卡，因此分类说明中不做详述）。

3.2.2　各银行发行联名信用卡丰富度对比

如表 3-3 所示，从丰富度上来看，国有五大行并不具备绝对的优势，反而是诸如招商银行、中信银行等其他全国性股份制商业银行的分布面更广一些，其中招商银行在所有 10 个子类别中均有分布。然而从内部来看，国有五大行的丰富度较为稳定，而其他全国性股份制商业银行内部的差异则较大。

从各类联名信用卡的分布来看，航空、旅游出行及零售百货是优势较为明显的三个类别。对国有五大行来说，航空及旅游出行类的联名信用卡分布优势较为明显，其中工商银行、农业银行及建设银行的两类分布均在 50%以上。中国银行及交通银行的分布则稍向零售百货类倾斜，尤其是交通银行的零售百货类联名信用卡更是达到了 57%的比例。在其他全国性股份制商业银行中，航空及旅游出行类的分布优势相对来说不够明显，招商银行、中信银行、兴业银行及广发银行的丰富度较高，均在 7 种以上，其他全国性股份制商业银行的丰富度则表现一般，大多在 5 种以下。对于地方商业银行来说，涵盖的种类总体较少，均为 2 种，且大多集中于旅游出行及零售百货等较为大众的类别上。

表 3-3 各银行全国性发行联名信用卡种类对比

银行名称	丰富度	航空	占比(%)	酒店	占比(%)	旅游出行	占比(%)	团购网购	占比(%)	社交娱乐	占比(%)	电信服务	占比(%)	零售百货	占比(%)	金融/投资/保险	占比(%)	杂志	占比(%)	卡通	占比(%)
工商银行	6	35	41			12	14			7	8	8	9	13	15	11	13				
农业银行	5	9	36	6	24	4	16							5	20					1	4
建设银行	4	3	12	2	8	13	50													8	31
中国银行	6	3	19			1	6	3	19			2	13	6	38	1	6				
交通银行	4	6	21	2	7									16	57	4	14				
招商银行	10	6	15	4	10	2	5	3	8	6	15	1	3	7	18	1	3	5	13	5	13
中信银行	8	7	19			4	11	7	19	5	14	2	6	4	11	6	17			1	3
民生银行	4	3	23							3	23			5	38			2	15		
兴业银行	7	7	26			4	15	1	4	2	7			4	15			2	7	7	26
平安银行	2					1	50									1	50				
深发银行	4					2	33	1	17					2	33	1	17				
光大银行	2									1	20							4	80		
浦发银行	5	5	42	2	17							1	8	3	25					1	8
华夏银行	3	3	43			1	14							3	43						

（续）

银行名称	丰富度	航空	占比(%)	酒店	占比(%)	旅游出行	占比(%)	团购网购	占比(%)	社交娱乐	占比(%)	电信服务	占比(%)	零售百货	占比(%)	金融/投资/保险	占比(%)	杂志	占比(%)	卡通	占比(%)
广发银行	7	9	35	1	4	2	8	4	15	6	23	2	8	2	8						
邮政储蓄银行	2							1	50	1	50										
北京银行	2					2	50							2	50						
杭州银行	2											2	50	2	50						
宁波银行	2					2	67							1	33						

注：1. 数据来源自第一象限，银行业监测研究

2. 联名信用卡种类计算方式为，当银行与某一品牌合作下设不同卡片时，每一种卡片分别计入种类数量，若卡片只在外观上有所区分，则不分别计入种类数量。

3. “占比”指该类信用卡种类数量占该行全国性发行联名信用卡总数量的百分比。标灰部分为各家银行占比最多的子类别。

4. “丰富度”指该家银行共有多少类全国性发行的联名信用卡。

3.3 主题信用卡

主题信用卡是商业银行以某一明确主题为导向设计发布的信用卡形式，主题卡没有明确的联名品牌，但有具体的主题，其中有功能导向型主题卡，如学生卡、亲子卡、公务员卡等，这类主题卡针对不同的用户群体推出相应的便利服务；有概念导向型主题卡，如星座卡、民族卡、奥运纪念卡等，这类主题卡没有明确的优惠措施，但具有审美价值、纪念价值等。通过监测发现，目前商业银行发布的主题类信用卡多采用功能导向型信用卡的形式，针对不同的市场细分群体，推出各具特色的主题信用卡。本次数据监测涵盖的主题信用卡包括旅游、纪念（奥运、世博等）、女性、商务、公益慈善、学生等 21 个基本类别，从中也可以看出银行间对信用卡细分市场重视程度的差异。

3.3.1 各银行发行主题信用卡情况

如表 3-4 所示，在主题信用卡的发行丰富度上，超过 10 个主题的两家银行——农业银行与中国银行均为国有大型商业银行，其次为招商银行、光大银行等其他全国性股份制商业银行。值得注意的是，北京银行作为一家地方商业银行凭借其地域优势，推出的主题卡丰富度达到了 7 种。总体来看，无论是国有五大行还是其他全国性股份制商业银行都未形成整体优势。当同一张卡片既为联名信用卡又为主题信用卡时优先计入联名信用卡，不进行重复记数，因此在联名信用卡中丰富度占优的工商银行在主题信用卡中则表现一般。

另一方面，主题信用卡的丰富度排名并未直接作用于数量排名，尽管农业银行依旧以 50 种的数量排名 21 家银行的第二位，但中国银行 31 种的数量则优势不够明显。招商银行与光大银行同样推出了 8 种主题信用卡，而前者的数量为 11 张，后者的数量则为 22 张，光大银行在总体的丰富度表现上要优于招商银行。值得关注的是，尽管华夏银行只推出了 5 种主题信用卡，但总数量却达到了 59 张，位于所有 21 家银行之首。

表 3-4　各银行发行主题信用卡种类对比

银行名称	丰富度	数量
工商银行	6	22
农业银行	12	50
建设银行	4	16
中国银行	10	31
交通银行	6	11
招商银行	8	11
中信银行	5	14
民生银行	5	18
兴业银行	7	15
平安银行	1	4
深发银行	5	10
光大银行	8	22
浦发银行	3	6
华夏银行	5	59
广发银行	7	19
邮政储蓄银行	1	2
北京银行	7	16
杭州银行	1	2
汉口银行	0	0
宁波银行	1	1
南京银行	1	2

注：1. 数据来源：第一象限，银行业监测研究。

2. 丰富度指该家银行共推出多少个主题的主题信用卡。数量是指这些主题与每一主题下设信用卡种类的乘积之和，记数标准同联名信用卡。

3.3.2　各主题类型卡分布情况

将 21 个主题中的每一主题与 21 家银行作出核对，可以得出目前各家银行发行主题信用卡时的偏好程度，如表 3-5 所示。

与联名信用卡相同，旅游卡依旧是主题信用卡的首选，21 家银行中共有 11 家银行选择发行此类主题信用卡，分布比达到 52.4%。比较特殊的是，纪念卡作为主题信用卡的一种特殊形式也成为各家银行的首选，分布比同样达到了 52.4%。其次可以看出，针对细分人群推出的主题卡较容易受到各家银行的青睐，如女性卡、商务卡、学生卡、公务员卡等，分布比均达到了 25%以上。再次与生活紧密相关的爱车卡、运动卡、购物卡等是较易被选择的第三大类别，总体分布均在 15%以上。最后，应当看到的是，单纯的主题信用卡很难得到推广，如婚庆卡、民族主题卡等，分布比均在 5%以下。因此从总体来看，主题信用卡的发行仍旧围绕细分人群展开，体现出银行对于细分市场的精耕细作。

表 3-5　各主题分布情况对比

主题卡名称	分　布　比
旅游卡	52.4%
纪念卡（奥运、世博等）	52.4%
女性卡	47.6%
商务卡	42.9%
公益慈善卡	38.1%
学生卡	28.6%
公务员卡	28.6%
爱车卡	28.6%
运动卡	23.8%
环保卡	23.8%
公务卡	23.8%
购物卡	19.0%
校友卡	19.0%
采购卡	14.3%
美食卡	9.5%
俱乐部卡	9.5%
星座卡	9.5%
教师卡	4.8%
亲子卡	4.8%
婚庆卡	4.8%
民族主题卡	4.8%

注：1. 数据来源自第一象限，银行业监测研究。

2. 分布比是指该主题在 21 家银行中选择发行的百分比。

3.4 VIP 信用卡

VIP 信用卡是银行针对高端客户推出的信用卡种类，往往具有更高的透支额度以及更全面的服务，对 VIP 信用卡进行监测，可以看出银行间在发展高端信用卡市场方面的不同策略。本次数据监测将其划分为金卡、钛金卡、白金卡、钻石卡以及无限卡五个类别，级别依次提升，得到的结果如表 3-6 所示。

总体来看，金卡与白金卡是各家银行最常推出的 VIP 银行卡，两种卡片的发行银行数分别达到了 15 家与 19 家。而对于级别较高的钻石卡以及无限卡，选择发行的银行数较少，分别只有 2 家与 3 家，且以其他全国性股份制商业银行为主。

从各家银行的发行种类来看，其他全国性股份制商业银行在 VIP 信用卡的发行上更具优势，其中招商银行推出了 4 个类别的 VIP 信用卡并且发行总数量达到 45 种，在 21 家银行中表现最好。中信银行与民生银行虽然发行的种类相对较少，但在金卡的发行上优势较为明显，分别以 61 种与 32 种排名前三位。在国有五大行中，交通银行的表现最好，发行的 VIP 信用卡种类数达到了 21 种。

表 3-6　各银行发行 VIP 信用卡对比

银行名称	金卡	数量	钛金卡	数量	白金卡	数量	钻石卡	数量	无限卡	数量	总数量
工商银行	1	5			1	5					10
农业银行					1	3					3
建设银行					1	5	1	1			6
中国银行			1	1	1	2					3
交通银行	1	18			1	3					21
招商银行	1	41	1	1	1	2			1	1	45
中信银行	1	45			1	16					61
民生银行	1	25			1	5	1	2			32
兴业银行					1	16					16
平安银行					1	1					1
深发银行	1	2			1	4					6

（续）

银行名称	金卡	数量	钛金卡	数量	白金卡	数量	钻石卡	数量	无限卡	数量	总数量
光大银行			1	1	1	4			1	1	6
浦发银行	1	3			1	2					5
华夏银行	1	3	1	2	1	2					7
广发银行	1	4	1	1	1	1			1	1	7
邮政储蓄银行	1	1									1
北京银行	1	6			1	1					7
杭州银行	1	7									7
汉口银行	1	2			1	2					4
宁波银行	1	5			1	2					7
南京银行	1	1	1	1	1	1					3
合计	15		6		19		2		3		

注：1．数据来源自第一象限，银行业监测研究。

2．数量指每种 VIP 信用卡下发行的卡片种类。

3.5 信用卡积分

信用卡刷卡消费积分制是银行信用卡业务的一个普遍特征，也是作为促进消费者刷卡消费、增加银行与用户之间互动、提升银行及合作商户品牌粘性的重要手段。通过监测不同银行提供的信用卡积分方式和积分兑换方式的数量，可以看出银行间信用卡业务的营销整合水平和用户互动意识。

3.5.1 各银行信用卡积分方式

首先从各积分方式被银行使用的情况来看，刷卡消费积分无疑是首选，也是通选；其次被采用的是奖励积分与专属积分，分别有 13 家及 14 家银行采用了该积分手段，月刷卡满次积分的采用率相对较低，仅有 1/3 的银行采用，且多为其他全国性股份制商业银行。

其次从各银行采用的积分手段来看，其他全国性股份制商业银行的积分方式更加多元化，其中有包括招商银行、中信银行等在内的 6 家其他全国性股份制商业银行拥有全部四种积分方式，占其他全国性股份制商业银行总数的半数以上。国有五大行的积分方式普遍集中于刷卡消费与专属积分上，月刷卡满次及奖励积分较少。而地方性银行在积分方式上不占优势，普遍仅具有一到两种积分方式，如表 3-7 所示。

因此总体上看，其他全国性股份制商业银行在使用积分刺激客户消费方面的手段更加全面，方式更加多元化。

表 3-7　各银行积分方式对比

银行名称	一般刷卡消费	月刷卡满次	奖　励	专属（航空、联名等）	可实现种类
工商银行	●	○	○	●	2
农业银行	●	○	●	○	2
建设银行	●	○	●	●	3
中国银行	●	○	○	●	2
交通银行	●	○	●	●	3
招商银行	●	●	●	●	4
中信银行	●	●	●	●	4
民生银行	●	●	●	●	4
兴业银行	●	○	●	●	3
平安银行	●	○	●	●	3
深发银行	●	○	○	○	1
光大银行	●	○	○	○	1
浦发银行	●	●	●	●	4
华夏银行	●	●	●	●	4
广发银行	●	●	●	●	4
邮政储蓄银行	●	○	●	○	2
北京银行	●	●	●	●	4
杭州银行	●	○	○	○	1
汉口银行	●	○	○	○	1
宁波银行	●	○	●	○	2
南京银行	●	○	○	○	1
合计	21	7	14	13	

注：1．数据来源自第一象限，银行业监测研究。

2．●表示有该项服务，○表示无该项服务。

3．可实现种类指各家银行可实现的积分方式种类，反映了一家银行积分方式的多元性。

3.5.2 各银行信用卡积分兑换方式

积分兑换方式反映了各银行对客户使用信用卡消费的激励与奖励机制，反映了各银行信用卡业务回馈客户的真实情况。本次数据监测涵盖了包括直抵消费、积分礼品等在内的 10 种积分兑换方式，得到结果如表 3-8 所示。

首先从各积分兑换方式被银行使用的比例来看，实物积分礼品是首选，也是通选，其次代金券、折扣券的使用也较为普遍，21 家银行中仅有南京银行不支持这一积分兑换方式。使用率超过半数以上的兑换方式还包括直抵消费、虚拟积分礼品以及航空里程兑换，加油费、抵信用卡年费以及积分竞拍等积分兑换方式使用率较低，使用银行均不足 10 家。因此可以看出，给予实际优惠的积分兑换方式更易受到银行的青睐。

其次从各家银行使用的积分兑换方式对比上来看，国有五大行除交通银行拥有 9 种兑换方式以外，其他四家银行的兑换方式均不占优势，但银行之间的差异不大。其他全国性股份制商业银行的差异较大，浦发银行以及华夏银行拥有本次监测的全部 10 种积分兑换方式，中信银行以及民生银行也拥有 9 种积分兑换方式，但深发银行与广发银行等的积分兑换方式较少，均不足五种。地方性银行总体处于劣势，除宁波银行外，大部分银行的积分兑换方式在 5 种以下。

因此总体来看，同积分方式相同，其他全国性股份制商业银行在积分兑换方式方面依旧具有一定的优势。因此可以说在积分政策上，股份制商业银行的多元性表现更为突出。

表 3-8 各银行积分兑换方式对比

银行名称	直抵消费	实物积分礼品	虚拟积分礼品	代金券、折扣券	航空里程	积分抽奖	加油费	抵信用卡年费	积分升倍	积分竞拍	种类数量
工商银行	○	●	●	●	●	●	○	○	○	○	5
农业银行	○	●	●	●	●	○	○	●	○	○	5
建设银行	●	●	●	●	●	○	●	○	○	○	6
中国银行	○	●	●	●	●	○	○	●	●	○	6
交通银行	●	●	●	●	●	●	○	●	●	●	9
招商银行	●	●	●	●	●	●	○	○	○	○	6

（续）

银行名称	直抵消费	实物积分礼品	虚拟积分礼品	代金券、折扣券	航空里程	积分抽奖	加油费	抵信用卡年费	积分升倍	积分竞拍	种类数量
中信银行	●	●	●	●	●	●	●	○	●	●	9
民生银行	●	●	●	●	●	●	○	●	●	●	9
兴业银行	●	●	●	●	●	○	○	○	●	○	6
平安银行	●	●	●	●	○	○	●	●	●	○	7
深发银行	●	●	●	●	○	○	○	○	○	○	4
光大银行	○	●	●	●	○	●	●	○	○	○	5
浦发银行	●	●	●	●	●	●	●	●	●	●	10
华夏银行	●	●	●	●	●	●	●	●	●	●	10
广发银行	○	●	●	●	○	○	○	○	○	○	3
邮政储蓄银行	○	●	●	●	○	●	○	●	●	○	6
北京银行	○	●	●	●	●	●	○	○	○	○	5
杭州银行	○	●	○	●	○	○	○	○	○	○	2
汉口银行	○	●	○	●	○	○	○	○	○	○	2
宁波银行	●	●	●	●	○	○	○	●	●	○	6
南京银行	○	●	○	○	○	○	○	○	○	○	1
合计	11	21	18	20	12	10	6	9	10	5	

注：1．数据来源自第一象限，银行业监测研究。

2．●表示该项存在，○表示该项不存在。

3．种类数量指各家银行可实现的积分兑换方式种类，反映了一家银行积分兑换方式的多元性。

第 4 章　各银行的电子银行业务

4.1 网上银行

随着网络技术的普及和移动互联网的迅速发展，网上银行业务已经成为大多数商业银行发展的重点领域。2000 年开始，我国境内商业银行开始大规模推进网上银行业务的开展，不断推进银行业务的网络化和电子化，并结合互联网的技术特点和发展趋势进行业务整合与创新，而随着电子商务和网络支付的兴起和繁荣，网上银行业务也进一步呈现向纵深发展的趋势。分析各大商业银行网上银行业务的基本情况，可以看出我国银行信息化建设的总体水平和趋势，同时可以进行银行间的横向比较，分析不同银行间网络银行业务的优势与劣势，以及现有网络银行业务的基本结构与可能的技术创新点。

关于网上银行业务的监测涵盖了国有五大行、其他全国性股份制商业银行、地方银行以及外资境内银行在内的 26 家银行。在本次监测范围内的 26 家银行均可以实现任意卡开通网上银行功能，同时 26 家银行中除花旗银行与渣打银行外，其余 24 家银行均对个人网上银行与企业网上银行作出了区分。本次监测将重点放在了个人网上银行上，因此对其将进行详述，后者仅作略述。

4.1.1 网购人群网上银行品牌占有率[㊀]

1. 2011 年第二季度

如图 4-1 所示，从 2011 年第二季度的数据来看，国有五大行具有整

㊀ 该部分数据来自第一象限（北京）市场咨询有限公司与益派咨询联合推出的电子商务调查，采用“Access Panel”可访问样本库形式对网购人群进行在线调查，以季度为单位执行。共覆盖 15 家银行，其中包括国有 5 大行与 10 家全国性股份制商业银行。全部数据来源于关于 15-65 岁网购人群（最近一个月进行过网购）的使用情况调查，样本覆盖一、二、三线城市。

体的相对优势，其他全国性股份制商业银行品牌，招商银行表现最佳，成为仅次于工商银行、建设银行的网购人群第三大选择。

另一方面，没有任何一家网上银行成为网购人群的绝对优势选择，除工商银行外，其他银行品牌的市场占有率普遍低于 20%，反映出网上银行品牌竞争的相对分散。

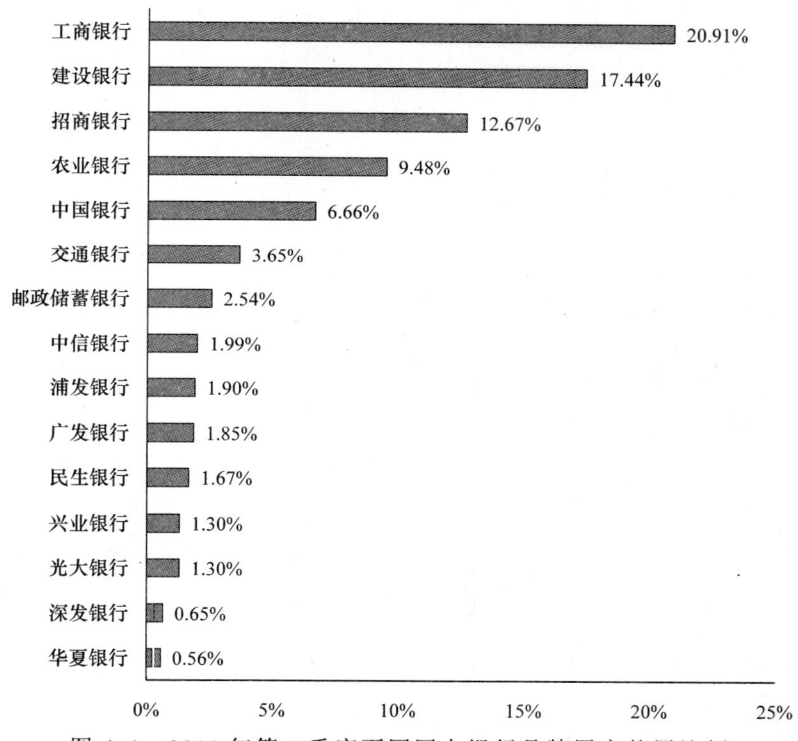

图 4-1　2011 年第二季度不同网上银行品牌用户使用比例

注：数据来源自第一象限-益派电子商务（网购团购）连续性研究（2011 年 6 月数据），Base=2162。

2. 2011 年第三季度

如图 4-2 所示，2011 年第三季度网购人群对于网上银行品牌的选择比例在一定程度上出现了整体性的提升，有三家银行的使用比例超过了 20%。与此同时，国有五大行依旧具备整体性的优势，中国工商银行依旧排名第一。不同的是，招商银行的使用比例超越建设银行排名第二位，在其他全国性股份制商业银行中获得了明显的发展。使用比例位于 5%～

10%的第二梯队品牌并未发生整体上的变化，但是中国银行的使用比例提升较为明显，超越中国农业银行位居第四。

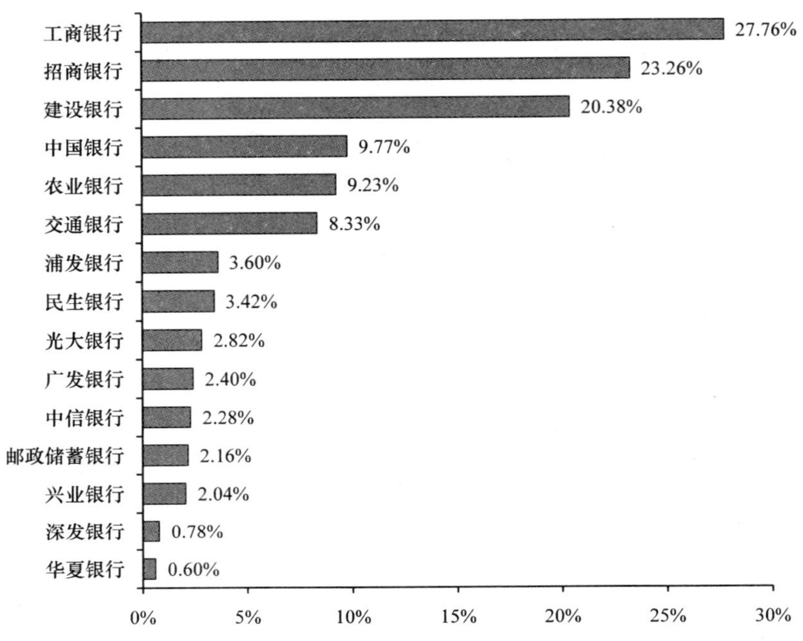

图 4-2　2011 年第三季度不同网上银行品牌用户使用比例

注：数据来源自第一象限-益派电子商务（网购团购）连续性研究（2011 年 9 月数据），Base=1668。

3. 2011 年第四季度[1]

如图 4-3 所示，在 2011 年第四季度的网购人群网上银行品牌选择中，中国工商银行依旧以 23.08%的使用比例位列第一，招商银行在上季度超越建设银行后本季度继续保持第二的位次，建设银行紧随其后。第二梯队的排名也在上季度的基础上保持稳定。

本季度使用网上银行支付的用户总体比例出现了明显下降，因此对于绝大多数银行品牌来说，使用比例也出现了不同幅度的下滑，且很多品牌网购支付使用率环比下降了 10%以上。但中信银行、广发银行、深发银行、华夏银行的用户使用率则出现了不同幅度的上升，不过由于基础使用

[1] 2011 年第四季度未将邮政储蓄银行划入监测范围，故未列出。

率较低，因此虽然环比增长率较高，但实际使用率仍相对较低，最高的中信银行也仅为 2.94%。

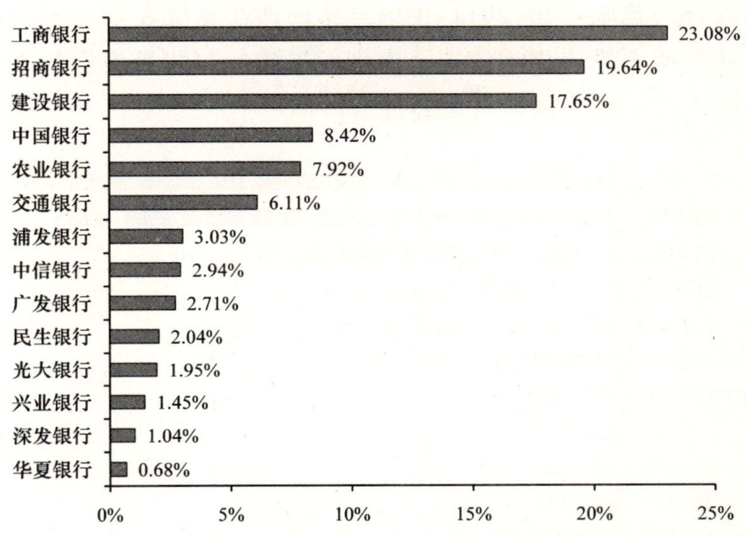

图 4-3　2011 年第四季度不同网上银行品牌用户使用比例

注：数据来源自第一象限-益派电子商务（网购团购）连续性研究（2011 年 12 月数据），Base=2210。

4. 2012 年第一季度

如图 4-4 所示，相对于 2011 年来说，网购人群在 2012 年第一季度对于网上银行各品牌的使用比例出现了明显的上升，继 2011 年第四季度的下滑之后出现强劲反弹。中国工商银行以 45.65%的使用比例位居第一，其次为中国建设银行与招商银行，其中中国建设银行重新超越招商银行，以 40.66%的使用比例重新位居第二，增长趋势明显。此外，第二梯队的品牌仍旧未发生变化，且使用比例普遍高于 15%，与第一队列一起共同体现出国有五大行的整体性优势。

另一方面，浦发银行尽管使用比例同样得到了提升，但由于增长率低于其他银行，在 2012 年第一季度的使用比例中出现了位次的明显下滑。

5. 小结

如表 4-1 所示，总结来看，国有五大行在网购人群中的市场占有率具备较为明显的整体优势，且中国工商银行连续四个季度位列第一，成为选择比例最高的国有银行。与此同时，招商银行在其他全国性股份制商业银行中的表现较为抢眼，在 2011 年第三第四两个季度超越中国建设银行位列第二，其他两个季度位列第三。深圳发展银行与华夏银行的表现相对较差，在网购人群中的市场占有率较低。

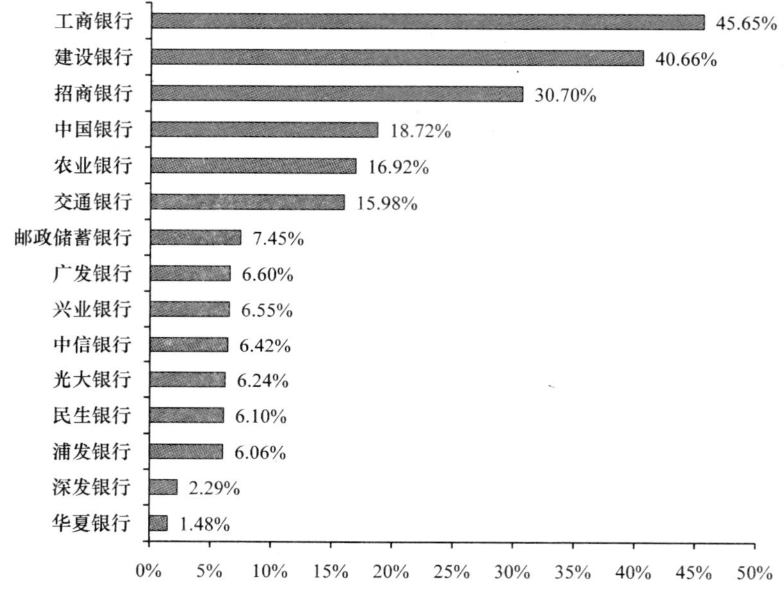

图 4-4　2012 年第一季度不同网上银行品牌用户使用比例

注：数据来源自第一象限-益派电子商务（网购团购）连续性研究（2012 年 3 月数据），Base=2228。

表 4-1　各网上银行品牌占有率季度对比

	2011 年第 2 季度	2011 年第 3 季度	2011 年第 4 季度	2012 年第 1 季度
工商银行	20.91%	27.76%	23.08%	45.65%
建设银行	17.44%	20.38%	17.65%	40.66%
招商银行	12.67%	23.26%	19.64%	30.70%
农业银行	9.48%	9.23%	7.92%	16.92%
中国银行	6.66%	9.77%	8.42%	18.72%
交通银行	3.65%	8.33%	6.11%	15.98%
邮政储蓄银行	2.54%	2.16%		7.45%
中信银行	1.99%	2.28%	2.94%	6.42%

（续）

	2011 年第 2 季度	2011 年第 3 季度	2011 年第 4 季度	2012 年第 1 季度
浦发银行	1.90%	3.60%	3.03%	6.06%
广发银行	1.85%	2.40%	2.71%	6.60%
民生银行	1.67%	3.42%	2.04%	6.10%
光大银行	1.30%	2.82%	1.95%	6.24%
兴业银行	1.30%	2.04%	1.45%	6.55%
深发银行	0.65%	0.78%	1.04%	2.29%
华夏银行	0.56%	0.60%	0.68%	1.48%

注：数据来源自第一象限-益派电子商务（网购团购）连续性研究。

4.1.2　个人网上银行

个人银行业务是商业银行的重要经营领域和盈利来源，根据工信部和 CNNIC 提供的数据，截至 2011 年，我国的网民数量达到 4.85 亿，手机用户数为 9.52 亿，其中 3G 用户数量达到 1.02 亿[㊀]，从统计数据可以明显看出，互联网和移动互联网已经日益成为普通人日常生活的一部分，越来越多的日常工作和活动在互联网和手机上进行，这也为银行业务和盈利点的拓展提供了广阔的空间。通过监测国内主要商业银行个人网上银行业务的发展情况，可以看出目前我国网上银行发展的总体趋势和银行间差异，为进一步分析和调整网上银行经营策略提供有效数据支持。

1. 基本业务

对个人网上银行的基本业务监测涵盖了包括账户管理、托管账户、社保查询在内的 20 项基本功能，得到结果如表 4-2 所示。

首先从各项业务在各家银行的个人网上银行普及度来看，较为基础的账户管理、转账汇款以及体现网上银行功能优势的在线支付、自助缴费以及信用卡还款等使用率较高，均有超过 20 家银行的个人网上银行具备该项服务，且缺失该项服务的大多为外资境内银行。值得注意的是，基金服务也拥有 20 家银行的使用率，且涵盖了所有的国有五大行

㊀ 数据来源：工信部与 CNNIC 网站，其中网民数量统计截至 2011 年 6 月，手机用户和 3G 用户数量统计截至 2011 年 9 月

及其他全国性股份制商业银行，一定程度上体现出各家网上银行对金融业务的兴趣与重视。此外，使用率低于半数的服务包括托管账户、社保查询、银企互联、期货服务与财务分析，在对这些服务的实现中，其他全国性股份制商业银行的表现较好。这些服务为个人网上银行未来服务的拓展提供了一定的借鉴。

表 4-2　各银行个人网上银行基本业务对比

银行名称	账户管理	托管账户	社保查询	定制信息	电子账单	银企互联	转账汇款	贷款	理财产品	证券服务	保险服务	债券服务	基金服务	贵金属	外汇服务	期货服务	财务分析	在线支付	自助缴费	信用卡还款	种类数量
工商银行	●	●	●	●	●	●	●	●	●	●	●	●	●	●	●	●	●	●	●	●	20
农业银行	●	○	○	○	●	○	●	●	●	●	○	●	●	○	●	●	○	●	●	●	13
建设银行	●	●	○	●	○	○	●	●	●	●	●	●	●	●	●	●	○	●	●	●	16
中国银行	●	○	●	●	●	●	●	●	●	●	●	●	●	●	●	●	○	●	●	●	18
交通银行	●	○	○	○	●	●	●	●	●	●	●	●	●	●	●	●	●	●	●	●	17
招商银行	●	●	●	●	●	●	●	●	●	●	●	●	●	●	●	●	●	●	●	●	20
中信银行	●	●	●	●	●	●	●	●	●	●	●	●	●	○	●	●	○	●	●	●	18
民生银行	●	●	●	●	●	●	●	●	●	●	●	●	●	●	●	●	○	●	●	●	19
兴业银行	●	○	●	○	○	○	●	●	●	○	●	●	●	●	●	○	○	●	●	●	13
平安银行	●	○	○	●	●	○	●	○	●	●	●	○	●	○	○	○	○	●	●	●	11
深发银行	●	●	○	○	○	○	●	○	●	○	○	○	●	○	●	○	●	●	●	●	10
光大银行	●	●	○	○	●	○	●	●	●	○	○	●	●	●	●	○	●	●	●	●	14
浦发银行	●	●	●	●	●	●	●	●	●	●	●	●	●	●	●	●	●	●	●	●	20
华夏银行	●	●	○	●	●	●	●	●	●	●	●	●	●	●	●	●	○	●	●	●	18
广发银行	●	○	○	●	●	●	●	●	●	○	○	○	●	●	○	○	●	●	●	●	13
邮政储蓄银行	●	○	○	●	●	●	●	●	●	●	●	●	●	○	●	○	○	●	●	●	15
北京银行	●	○	○	○	●	○	●	●	●	○	○	●	●	●	●	○	○	●	●	○	11
杭州银行	●	○	○	○	○	○	●	●	●	○	○	●	●	○	○	○	○	●	●	●	9

（续）

银行名称	账户管理	托管账户	社保查询	定制信息	电子账单	银企互联	转账汇款	贷款	理财产品	证券服务	保险服务	债券服务	基金服务	贵金属	外汇服务	期货服务	财务分析	在线支付	自助缴费	信用卡还款	种类数量
汉口银行	●	○	○	○	○	○	●	●	●	○	○	●	●	○	○	○	○	○	●	○	7
宁波银行	●	○	○	○	○	○	●	●	●	○	○	○	●	○	●	○	○	●	●	●	9
南京银行	●	○	○	○	●	○	●	○	●	○	○	○	○	○	○	○	○	●	●	●	7
汇丰中国	●	○	○	○	●	○	●	○	●	○	○	○	○	○	●	○	○	○	○	○	5
花旗银行	●	○	○	○	●	○	●	○	○	○	○	○	○	○	○	○	○	○	○	●	4
渣打银行	●	○	○	○	○	○	○	○	○	○	○	○	○	○	○	○	○	●	●	●	4
新韩银行	●	○	○	○	●	○	●	●	○	○	○	○	○	○	○	○	○	○	○	○	4
韩亚银行	●	○	○	○	●	○	●	○	○	○	○	○	○	○	○	○	○	○	○	○	3
合计	26	9	7	11	19	10	25	19	22	12	12	16	20	12	17	10	7	21	22	21	

注：1．数据来源自第一象限，银行业监测研究。

2．●表示有该项服务，○表示无该项服务。

其次从各家银行的个人网上银行具有的功能来看，国有五大行及其他全国性股份制商业银行的业务功能覆盖面较全，普遍具有 10 种以上的基本业务。地方银行与外资境内银行的个人网上银行业务实现相对欠缺。其中工商银行、招商银行与浦发银行具备本次监测的全部 20 项基本业务功能，其次为民生银行、中国银行、中信银行以及华夏银行，普遍具有 18～19 种基本业务。

2．交易限额

各银行在不同的安全措施保护下为客户提供了不同的交易限额，用以保护客户的账户安全。本次监测涵盖了包括便捷支付、口令卡在内的六类交易限额，分别统计了单笔交易限额以及日累计交易限额，得到结果如表 4-3 所示（由于外资境内银行多不具备在线支付功能，因此关于交易限额的数据监测未将其列入其中）。

除 USB Key 外，许多银行（尤其是其他全国性股份制商业银行）提供了更为灵活的交易服务，如便捷支付、自定义限额等，方便了客户的使用。从银行的维度来看，浦发银行拥有了本次监测涵盖的全部 6 种交易方式，其次为工商银行、建设银行与宁波银行，农业银行、邮政储蓄银行及杭州银行的交易形式较少，普遍在 2 种以下。深发银行、光大银行与广发银行虽然支持的交易方式较少，但均允许用户自定义限额，在使用方式上较为灵活。

此外从各种方式支持的单笔与日累计交易限额来看，大部分银行并未提供固定的交易额度限制，能够随用户的需要自行调整。在有交易限额的银行中，安全性较高的 USB Key 及 USB Key+短信验证等方式允许的交易限额较高，普遍在十万元级别以上，而安全性相对较低的口令卡及口令卡+短信验证允许的交易限额较低，普遍在五万元以下。便捷支付属于较为新兴的业务，在提供更快捷的支付方式的前提下其安全性仍有待检验，因此在所有交易方式中限额最低，普遍从几百元至几千元不等。

表 4-3　各银行个人网上银行不同安全措施交易限额对比（单位：元）

银行名称	便捷支付			口令卡			口令卡+短信验证			USB Key 客户			USB key+短信验证			自定义限额	种类数量
	甄别	单笔	日累计	甄别	单笔	日累计	甄别	单笔	日累计	甄别	单笔	日累计	甄别	单笔	日累计		
工商银行	●	300	300	●	500	1000	●	2000	5000	●	1000000	1000000	○			●	5
农业银行	○			●	1000	3000	○			●	1000000	5000000	○			○	2
建设银行	●	500	500	●	5000	5000	●	5000	5000	●	500000	500000	●	500000	500000	○	5
中国银行	○			○			●	50000	100000	●	50000	100000	●	50000	100000	●	4
交通银行	●			○			●		5000	●		50000	●		5000	○	4
招商银行	●	500	500	○			○			●	200000	200000	○			●	3
中信银行	●	1000	5000	○			○			●	1000000	1000000	○			●	3
民生银行	●	5000	5000	○			○			●	500000	2000000	○			●	3
兴业银行	●			○			○			●			●			●	4
平安银行	●			○			○			●			●			●	4
深发银行	○			○			○			○			○			●	1
光大银行	○			○			○			●	5000000	5000000	○			●	2
浦发银行	●	500	500	●	50000	50000	●	50000	50000	●			●			●	6
华夏银行	●	300	1000	○			○			●			●			●	4

（续）

银行名称	便捷支付			口令卡			口令卡+短信验证			USB Key 客户			USB key+短信验证			自定义限额	种类数量
	甄别	单笔	日累计	甄别	单笔	日累计	甄别	单笔	日累计	甄别	单笔	日累计	甄别	单笔	日累计		
广发银行	○			○			○			○			○			●	1
邮政储蓄银行	○			○			○			●			●			○	2
北京银行	●	300	300	●	1000	5000	○			●			○			○	3
杭州银行	●			○			○			●	1000000	5000000	○			○	2
汉口银行	○			○			○			○			○			○	0
宁波银行	●			○			●		50000	●			●		50000	●	5
南京银行	●		300	○			○			●		50000	○			●	3
合计	14			5			6			18			9			14	

注：1．数据来源自第一象限，银行业监测研究。

2．甄别项中●表示有该项服务，○表示无该项服务。

4.1.3　企业网上银行

与个人网上银行相比，企业网上银行在提供的服务和交易限额等方面都有所区别，更加贴近企业客户的实际银行服务需求，而且从企业网上银行业务的发展情况来看，国有五大行与其他全国性股份制商业银行之间的差别并不大，在某些方面其他股份制银行甚至表现更为突出。

由于花旗银行与渣打银行不区分个人网上银行与企业网上银行，因此在企业网上银行中将不作分析。

1．基本业务

如表 4-4 所示，从业务的维度来看，作为基础业务的账户管理、结算服务与信贷业务基本上覆盖了 24 家银行的企业网上银行，其次为集团业务、投资理财与外汇业务，其中国有五大行的优势较为明显。银行间差异较大的是资产托管、投资银行以及融资租赁业务，其中其他全国性股份制商业银行较占优势，投资银行业务更是仅有招商银行及中信银行具备。因此国有五大行在传统的企业网上银行业务上发展完善，而其他全国性股份制商业银行则在新兴的拓展业务上有所建树。

另一方面从银行的维度来看，国有五大行的业务总数整体比较稳定，维持在 6～7 种，股份制商业银行间的差异较大，招商银行及中信银行的业务最为全面，其次为浦发银行。地方银行与外资境内银行的业务总数普遍较少，除北京银行与杭州银行外，均在 5 种或以下。

表 4-4 各银行企业网上银行基本业务对比

银行名称	账户管理	结算服务	信贷业务	投资理财	资产托管	集团业务	外汇业务	现金管理	投资银行	融资租赁	种类数量
工商银行	●	●	●	●	○	○	●	○	○	●	6
农业银行	●	●	●	●	○	●	●	●	○	○	7
建设银行	●	●	●	●	○	●	●	●	○	○	7
中国银行	●	●	●	●	●	●	●	●	○	○	8
交通银行	●	●	●	●	○	●	●	●	○	○	7
招商银行	●	●	●	●	●	○	●	●	●	●	9
中信银行	●	●	●	●	●	○	●	●	●	●	9
民生银行	●	●	●	●	○	●	○	○	○	○	5
兴业银行	●	●	●	●	●	●	○	○	○	●	7
平安银行	●	●	●	●	○	●	○	●	○	○	6
深发银行	●	●	●	●	○	●	●	○	○	●	7
光大银行	●	●	●	●	○	●	○	○	○	○	5
浦发银行	●	●	●	●	●	●	○	●	○	●	8
华夏银行	●	●	○	●	○	●	○	○	○	○	4
广发银行	●	●	●	○	○	●	●	○	○	○	5
邮政储蓄银行	●	●	●	○	○	●	○	○	○	○	4
北京银行	●	●	●	●	○	●	●	●	○	●	8
杭州银行	●	●	●	○	○	●	●	●	○	○	6
汉口银行	●	●	●	○	○	●	○	●	○	○	5
宁波银行	●	●	●	○	●	○	○	○	○	●	5
南京银行	●	●	●	○	○	●	●	○	○	○	5
汇丰中国	●	●	●	○	○	○	●	○	○	○	4
新韩银行	●	●	●	○	○	○	●	○	○	○	4
韩亚银行	●	●	●	○	○	○	●	○	○	○	4
合计	24	24	23	15	6	17	15	11	2	8	

注：1. 数据来源自第一象限，银行业监测研究。

2. ●表示有该项服务，○表示无该项服务。

2. 交易方式

如表 4-5 所示，由于所有银行都提供了安全证书服务，因此证书企业客户均可进行网上交易，且超过半数银行未进行交易额度的限制。而对于无证书的企业客户来说，大部分银行也为其提供了可进行交易的便利，但以交易限额的方式在一定程度上限制该类企业客户的交易使用，用以保障账户安全。此外，14 家银行为 U 盾企业客户提供了交易可能，但是否有交易限额表现不一。总体来看，安全性较高的交易方式更易受到银行的青睐，且更易提供自由的交易额度。

表 4-5　各银行企业网上银行交易方式

银行名称	无证书客户	是否有限制	证书客户	是否有限制	U 盾客户	是否有限制	种类数量
工商银行	●	是	●	否	●	否	3
农业银行	●	是	●	是	●	是	3
建设银行	○		●	是	○		1
中国银行	●	是	●	是	●	是	3
交通银行	○		●	否	●	否	2
招商银行	●	否	●	否	●	否	3
中信银行	●	是	●	是	○		2
民生银行	●	是	●	是	○		2
兴业银行	●	是	●	否	●	否	3
平安银行	●	是	●	否	●	否	3
浦发银行	●	是	●	是	●	是	3
华夏银行	●	是	●	是	●	是	3
广发银行	○		●	否	●	否	2
邮政储蓄银行	●	是	●	是	●	是	3
北京银行	●	是	●	否	○		2
杭州银行	○		●	否	●	是	2
汉口银行	○		●	否	●	否	2
宁波银行	○		●	否	●	否	2
合计	12		18		14		

注：1. 数据来源自第一象限，银行业监测研究。

2. ●表示有该项服务，○表示无该项服务。

4.2 手机银行

与网上银行相比，由于移动互联网络和手机功能的限制，手机银行一开始只是电子银行业务中一个相对不太重要的分支，但是随着智能手机的普及和功能的日益强大，以及移动互联网的迅速发展，手机银行的需求和市场规模日益扩大，发展手机银行已经成为网上银行功能相对稳定之后银行业在电子银行领域的又一大拓展空间。

由于杭州银行、汇丰中国、花旗银行、新韩银行以及韩亚银行未在中国地区推出手机银行业务，华夏银行目前仅在成都、天津、深圳、南京和杭州进行手机银行业务的试行，民生银行推出的“手机银行卡支付”功能与中国移动共同推出，与传统意义上的手机银行定义不同，故本次手机银行的监测范围涵盖了包括国有五大行、其他全国性股份制商业银行、地方银行以及外资境内银行在内的 19 家银行。其中招商银行、中信银行、深发银行以及浦发银行四家银行对个人手机银行与企业手机银行作出了区分，其他 15 家银行未作出区分，因此在个人手机银行部分将对 19 家银行作出对比，企业手机银行部分将仅对 4 家银行作出简单对比。

4.2.1 个人手机银行

智能手机的发展和移动互联网络的普及使手机日益成为一种强势的个人媒介，普通用户可以通过手机进行越来越多的日常活动。通过对手机银行业务的监测，整理银行间手机银行的开通标准、基本业务和安全措施，可以看出不同银行对于移动互联时代的敏感程度和应对策略。

1. 开通标准

作为一项新兴业务，手机银行目前仍处于用户普及的成长期，各家银行对银行卡是否能够开设个人手机银行业务作出了不同的规定，能够开设的银行卡种类数也在一定程度上反映了该银行对个人手机银行业务的重视程度。

本次数据监测从银行以及运营商两方面进行监测，共涵盖了 20 家银行的 6 种银行卡种类以及三家运营商，得到结果如表 4-6 所示。

借记卡作为功能性用途最多的一种银行卡成为全部 19 家银行开通个人手机银行业务的首选，其次为信用卡与存折，总体上看，各家银行对银行卡的选择一定程度上依赖于该种卡类的普及使用程度。

从各家银行的对比来看，国有五大行对个人手机银行业务的开通限定较为宽松，发展较为成熟，其他全国性股份制商业银行存在一定的差异，其中深发银行与光大银行稍显欠缺。地方商业银行与外资境内银行在个人手机银行业务的开通范围上普遍较为狭窄，但北京银行在其中成为佼佼者，全部 6 种卡种及存折均可开通。

表 4-6　各银行开通个人手机银行业务标准

银行名称	借记卡	理财卡	信用卡	贷记卡	准贷记卡	存折	种类数量
工商银行	●	●	●	○	○	●	4
农业银行	●	●	●	●	●	●	6
建设银行	●	●	●	●	●	●	6
中国银行	●	○	●	●	●	●	5
交通银行	●	○	●	○	○	○	2
招商银行	●	●	●	●	○	●	5
中信银行	●	●	●	●	○	●	5
兴业银行	●	●	●	●	○	○	4
平安银行	●	●	●	●	○	○	4
深发银行	●	○	○	○	○	●	2
光大银行	●	○	○	○	○	●	2
浦发银行	●	●	●	●	●	●	6
广发银行	●	●	●	●	●	●	6
邮政储蓄银行	●	○	●	○	○	●	3
北京银行	●	●	●	●	●	●	6
汉口银行	●	○	○	○	○	○	1
宁波银行	●	○	○	○	○	○	1
南京银行	●	○	○	○	○	○	1
渣打银行	●	○	○	○	○	●	2
合计	19	10	13	10	6	13	

注：1. 数据来源自第一象限，银行业监测研究。

2. ●表示有该项服务，○表示无该项服务。

此外在运营商的支持上，除深发银行与光大银行不支持中国联通，其他银行均支持包括中国移动、中国联通以及中国电信在内的三大运营商，整体支持情况良好。故在此不再赘述。

2. 基本业务

如表 4-7 所示，同个人网上银行一样，账户查询、转账汇款以及充值缴费依旧是个人手机银行最基本的功能，监测范围内的 19 家手机银行均具备此三项功能，其中充值缴费业务充分体现了电子银行的优势。使用率排名其次的为信用卡还款与理财业务，不同的是北京银行在个人网上银行业务中不具备信用卡还款功能，但在个人手机银行进行了弥补，南京银行与渣打银行则相反。手机银行使用率较低的业务为国债、金融行情、游戏点卡及银行信使服务，采用的银行数普遍低于 8 家。

从银行的维度来看，国有银行并未像个人网上银行业务一般具有整体的优势，相反一些其他全国性股份制商业银行表现抢眼，总体来说银行间的差异较大。招商银行具备 21 种业务中的 20 种功能，其次为工商银行，具有 18 种基本业务，且上述两家银行在个人网上银行的基本业务方面发展也较为完善。农业银行在国有五大行中的表现较差，平安银行与深发银行在其他全国性股份制商业银行中的表现较弱，地方银行与外资境内银行整体表现一般。因此总体上来看，各家银行对个人手机银行业务的发展与个人网上银行相类似。

表 4-7 各银行个人手机银行基本业务对比

银行名称	账户查询	转账汇款	信用卡还款	无卡取现	充值缴费	手机支付	个人贷款	理财业务	手机股市	基金业务	证券业务	国债业务	黄金	外汇业务	银期转账	金融行情	消息定制	游戏点卡	银行信使	服务应用	特色业务	种类数量
工商银行	●	●	●	●	●	●	●	●	●	●	●	●	●	●	●	○	●	○	●	●	○	18
农业银行	●	●	●	○	●	○	●	●	○	●	○	○	○	○	○	○	●	○	○	○	●	9
建设银行	●	●	●	○	●	●	○	●	●	●	●	●	●	●	●	○	○	●	○	○	●	15
中国银行	●	●	●	○	●	●	●	●	●	●	●	●	○	●	●	●	●	○	●	●	○	17
交通银行	●	●	●	●	●	●	○	●	○	●	●	○	●	●	●	●	●	○	○	●	●	16
招商银行	●	●	●	●	●	●	●	●	●	●	●	●	●	●	●	●	●	○	●	●	●	20
中信银行	●	●	●	●	●	●	●	●	●	●	●	●	●	●	●	○	○	○	○	●	●	17

（续）

银行名称	账户查询	转账汇款	信用卡还款	无卡取现	充值缴费	手机支付	个人贷款	理财业务	手机股市	基金业务	证券业务	国债业务	黄金	外汇业务	银期转账	金融行情	消息定制	游戏点卡	银行信使	服务应用	特色业务	种类数量
兴业银行	●	●	●	○	●	●	○	●	●	●	○	○	●	●	●	●	○	○	○	○	○	12
平安银行	●	●	●	○	●	○	○	●	●	○	○	○	○	○	○	○	○	○	○	○	○	6
深发银行	●	●	●	●	●	○	●	○	○	○	○	○	○	○	○	○	○	○	○	○	○	6
光大银行	●	●	●	○	●	●	○	●	●	●	○	○	○	○	○	●	○	●	○	●	●	12
浦发银行	●	●	●	○	●	●	○	●	●	●	○	○	○	○	○	○	●	●	○	●	○	11
广发银行	●	●	●	●	●	●	○	●	○	●	○	○	○	○	○	●	●	●	○	●	●	13
邮政储蓄银行	●	●	●	○	●	●	●	●	○	●	○	●	○	○	○	○	○	○	○	○	○	9
北京银行	●	●	●	○	●	●	○	●	○	●	○	○	●	○	○	○	○	●	●	○	●	11
汉口银行	●	●	●	●	●	○	○	○	○	○	○	○	○	○	○	○	○	○	○	○	○	5
宁波银行	●	●	●	●	●	●	●	●	○	●	○	○	○	○	○	○	○	○	○	○	○	9
南京银行	●	●	○	●	●	●	●	●	○	●	●	○	○	○	○	●	○	○	○	○	●	11
渣打银行	●	●	○	○	●	●	○	○	○	○	○	○	○	○	○	○	○	○	○	○	○	4
合计	19	19	17	9	19	16	9	16	9	15	7	6	7	7	7	7	7	5	3	8		

注：1．数据来源自第一象限，银行业监测研究。

2．●表示有该项服务，○表示无该项服务。

进一步将各银行个人手机银行业务数减去“特色业务”一项，使其与个人网上银行基本业务项总数一致，对各家银行的两项大类业务的子类服务进行纵向对比，同时对每家银行两项大类业务间的子类服务数作出横向对比，从不同维度反映出各家银行两项业务的发展完善程度以及发展均衡程度，如表4-8所示。

从各银行的个人网上银行与个人手机银行对比来看，前者的发展更为完善，因此普遍比后者拥有更多的业务种类数。但从各银行的对比来看，则有不同的表现。国有五大行除农业银行外，其他四家银行在个人网上银行与个人手机银行间发展较为平衡，其他全国性股份制商业银行的表现则不一，招商银行、中信银行两项业务的发展较为均衡，但浦发银行与邮政储蓄银行两项业务发展较为失衡，手机银行业务发展不足。在地方银行中，尽管受地域限制普遍不具优势，但北京银行依旧在两项业务中发展较为均衡，而南京银行的手机银行业务则表现突出。

因此总体上看，国有五大行及一部分其他全国性股份制商业银行的电子银行业务发展较为均衡且均处于领先地位，地方银行则力图在新兴的手机银行业务上形成亮点。

表 4-8 各银行个人网上银行与个人手机银行基本业务种类数对比（单位：个）

银行名称	个人网上银行业务种类数	个人手机银行业务种类数	差值
工商银行	20	17	3
农业银行	13	8	5
建设银行	16	14	2
中国银行	18	16	2
交通银行	17	15	2
招商银行	20	19	1
中信银行	18	16	2
兴业银行	13	11	2
平安银行	11	5	6
深发银行	10	5	5
光大银行	14	11	3
浦发银行	20	10	10
广发银行	13	12	1
邮政储蓄银行	15	8	7
北京银行	11	10	1
汉口银行	7	4	3
宁波银行	9	8	1
南京银行	7	10	-3
渣打银行	4	3	1

注：1. 数据来源自第一象限，银行业监测研究。

2. 差值=该银行个人网上银行业务数-该银行个人手机银行业务数，反映各家银行个人网上银行与个人手机银行业务发展的均衡程度。

3. 安全措施

如表 4-9 所示，相对于个人网上银行，用户更为重视个人手机银行的安全性问题，因此各银行在个人手机银行的安全措施上普遍下足了功夫。在本次监测的 8 种安全措施中，使用率普遍超过了半数，其中使用率最高的为手机银行卡绑定，这一安全措施可以保证账户与手机号的一一对应性；其次为限额机制，该措施可以保护用户在账户信息泄露的情况下不至造成过大的经济损失。使用率相对较低的为动态口令卡与手机短信认证。

从银行的角度来看，除地方银行、外资境内银行及少部分其他全国性股份制商业银行外，大部分银行对个人手机银行的安全保护措施超过了 4 种，其中工商银行拥有了本次监测的全部 8 种保护措施，其次为农业银行、招商银行与浦发银行。

表 4-9 各银行个人手机银行安全措施对比

银行名称	手机银行卡绑定	预留信息验证	动态口令卡	手机短信认证	操作超时保护	用户密码自动锁定	签约机制	限额机制	种类数量
工商银行	●	●	●	●	●	●	●	●	8
农业银行	●	●	●	○	●	●	●	●	7
建设银行	○	●	○	○	○	●	●	●	4
中国银行	●	●	●	○	●	●	○	●	6
交通银行	●	○	○	○	●	●	●	●	5
招商银行	●	●	●	●	○	●	●	●	7
中信银行	●	●	○	●	○	●	●	●	6
兴业银行	●	●	○	●	○	○	○	○	3
平安银行	●	●	○	●	○	○	○	○	3
深发银行	●	○	●	○	○	○	●	●	4
光大银行	●	○	●	○	●	●	●	●	6
浦发银行	●	○	●	●	●	●	●	●	7
广发银行	●	●	○	●	●	●	●	○	6
邮政储蓄银行	●	●	○	○	○	●	○	●	4
北京银行	●	○	○	○	●	●	●	●	5
汉口银行	○	○	●	○	○	○	○	●	2
宁波银行	○	○	○	○	●	○	○	○	1
南京银行	●	○	○	○	○	○	●	●	3
渣打银行	○	●	●	●	●	○	○	○	4
合计	15	11	9	8	9	12	12	14	

注：1. 数据来源自第一象限，银行业监测研究。

2. ●表示有该项服务，○表示无该项服务。

4. 交易限额

本部分将仅对上文中提到的 16 家拥有“限额机制”的银行作出监测说明，不包括兴业银行、平安银行、广发银行、宁波银行与渣打银行。

如表 4-10 所示，相对于个人网上银行来说，个人手机银行的交易限额显得更为灵活，一方面银行会根据不同的安全级别提供不同的交易限额，另一方面用户仍可根据自己的需要灵活调整额度，保证账户安全。

表 4-10　各银行个人手机银行交易限额对比（单位：元）

银行名称	单笔限额				日累计限额			
	统一标准	转账	缴费	手机支付	统一标准	转账	缴费	手机支付
工商银行	500000				500000			
农业银行	50000				50000			
建设银行	50000				100000			
中国银行		100000	100000	1000		100000	100000	1000
交通银行	50000				50000			
招商银行	500				500			
中信银行	500				500			
深发银行	50000					300000	100000	100000
光大银行	动态口令：500000；静态密码：100000				动态口令：500000；静态密码：100000			
浦发银行	50000				50000			
邮政储蓄银行	交易密码 10000；交易密码+令牌密码 100000				交易密码 10000；交易密码+令牌密码 100000			
北京银行	10000				10000			
汉口银行	静态密码：200；电子口令卡：2000				静态密码：200；电子口令卡：2000			
南京银行		50000				100000		

注：数据来源自第一象限，银行业监测研究。

此外，从各银行提供的交易标准来看，转账与充值缴费往往具有较高的交易限额，而手机支付因其更高的风险而采取更低交易额度的限制。总体来看，大部分银行为手机银行设定的交易额度上限为几万元至几十万元不等，其中以万元级别为主。

5．适用形式

作为与智能手机直接相联系的电子银行服务，无论是网页版、短信版还是客户端版，手机银行适用的多元性在一定程度上体现出该业务的普及可能性。本次监测共涵盖了 20 家银行的 8 种使用形式。

（1）手机客户端

如表 4-11 所示，从智能手机的客户端适用性来看，普及率最高的是 iOS 版本，其次为 Andriod 版本，这与两大智能操作系统拥有的庞大用户基数分不开，相对而言其他智能操作系统被设计的比率要低得多。

表 4-11　各银行个人手机银行客户端形式

银行名称	iOS 版	Android 版	Windows Mobile 版	Symbian 版	Symbian Java 版	种类数量
工商银行	●	●	○	○	○	2
农业银行	○	○	○	○	○	0
建设银行	●	●	○	○	○	2
中国银行	●	●	●	●	○	4
交通银行	○	●	●	●	●	4
招商银行	●	●	●	○	●	4
中信银行	●	○	○	○	○	1
兴业银行	●	●	○	○	○	2
平安银行	●	○	○	○	○	1
深发银行	●	○	○	○	○	1
光大银行	●	○	○	○	○	1
浦发银行	○	○	○	○	○	0
广发银行	●	●	●	●	○	4
邮政储蓄银行	○	○	○	○	○	0
北京银行	●	●	●	●	●	4
汉口银行	○	○	○	○	○	0
宁波银行	○	○	○	○	○	0
南京银行	●	●	○	○	○	2
渣打银行	○	○	○	○	○	0
合计	12	9	5	4	3	

注：1. 数据来源自第一象限，银行业监测研究。

2. ●表示有该项使用形式，○表示无该项使用形式。

从各家银行具备的客户端形式丰富度来看，中国银行与交通银行具有的种类数最多，农业银行则未开通手机银行客户端形式。在其他全国性股份制商业银行与地方银行中，招商银行、广发银行及北京银行的种类数较多。

（2）其他适用形式

如表 4-12 所示，作为适用性最强的使用形式，WAP 版成为使用普及度最高的手机银行使用形式，共有 16 家银行采用，其升级版网页 HIML 版的使用率则出现了明显的下降，仅有 6 家银行采用。值得注意的是，农业银行、建设银行、招商银行以及渣打银行同时拥有 WAP 版及网页版手机银行，而兴业银行与平安银行则直接舍弃了 WAP 版，选择了网页版手机银行。

表 4-12　各银行个人手机银行的其他适用形式

银行名称	WAP 版	网页 HTML 版	短信版	种类数量
工商银行	●	○	●	2
农业银行	●	●	●	3
建设银行	●	●	○	2
中国银行	●	○	○	1
交通银行	●	○	●	2
招商银行	●	●	○	2
中信银行	●	○	●	2
兴业银行	○	●	○	1
平安银行	○	●	●	2
深发银行	●	○	○	1
光大银行	●	○	○	1
浦发银行	●	○	○	1
广发银行	●	○	○	1
邮政储蓄银行	●	○	○	1
北京银行	○	○	○	0
汉口银行	●	○	○	1
宁波银行	●	○	○	1
南京银行	●	○	●	2
渣打银行	●	●	○	2
合计	16	6	6	

注：1. 数据来源自第一象限，银行业监测研究。

2. ●表示有该项使用形式，○表示无该项使用形式。

从各家银行具备的其他适用形式丰富度来看，农业银行以 3 种形式的数量弥补了手机客户端的不足，其他银行则为一种或两种。北京银行虽具备较丰富的客户端形式，但在其他适用形式上略显欠缺。

4.2.2　企业手机银行

本部分将仅对招商银行、中信银行、深发银行以及浦发银行四家银行作出简略的监测说明。

1．基本业务

如表 4-13 所示，四家银行的企业手机银行基本业务差异较大，其中招商银行与中信银行的业务发展比较完善，在本次监测中仅未具有交易授权功能，深发银行的业务发展相对欠缺，仅具有 5 种基本业务。

表 4-13　各银行企业网上银行基本业务对比

业务名称	招商银行	中信银行	深发银行	浦发银行
账务查询	●	●	●	●
交易查询	●	●	●	●
支付结算	●	●	○	○
转账支付	●	●	●	●
集团业务	●	●	○	○
代发代扣	●	●	●	○
代理清算	●	●	○	○
银期、银证转账	●	●	○	○
自助贷款	●	●	○	○
信用管理	●	●	○	○
公司理财	●	●	○	○
外汇买卖	●	●	○	○
定活互转	●	●	○	●
基金买卖	●	●	○	○
委托贷款	●	●	○	○
黄金交易	●	●	○	●
商务支付	●	●	○	○
商务卡	●	●	○	●
公司卡	●	●	○	●
银行通知	●	●	○	●
交易授权	○	○	●	●
交易提醒	●	●	○	●
合计	21	21	5	10

注：1．数据来源自第一象限，银行业监测研究。

2．●表示有该项服务，○表示无该项服务。

2. 安全措施

如表 4-14 所示，在企业手机银行的安全措施方面，招商银行的表现依旧最好，拥有本次监测 9 种安全措施中的 8 种，其他三家银行表现相近。

表 4-14　各银行企业手机银行安全措施对比

安全措施	招商银行	中信银行	深发银行	浦发银行
个性签名	●	○	○	○
登录短信通知	●	○	○	●
自动清除登录信息	●	●	○	○
实时自助关闭	●	●	●	●
图形验证码	●	○	○	○
用户密码自动锁定	●	●	●	●
手机银行卡绑定	●	●	●	●
数据传输加密	●	●	●	●
分级保护机制	○	○	●	●
合计	8	5	5	6

注：1. 数据来源自第一象限，银行业监测研究。
2. ●表示有该项服务，○表示无该项服务。

在 9 种监测安全措施中，实时自助关闭、用户密码自动锁定、手机银行卡绑定以及数据传输加密是 4 家银行都在采用的保护方法，使用率较高，个性签名及图形验证码仅有招商银行采用。

3. 适用形式

如表 4-15，总体来看，四家银行在移动终端适用上的发展较为完善，除深发银行不支持商务手机及浦发银行不支持便携式上网终端外，其他银行的支持情况良好。在操作系统的适用性上，深发银行仅支持 iOS 操作系统，其他三家银行对主流的智能操作系统均提供适用支持。在手机浏览器的发展上银行间的差异最为明显，其中招商银行与浦发银行能够适用，中信银行及深发银行则不适用。

表 4-15　各银行企业手机银行使用形式对比

银行名称	终端				操作系统				手机浏览器		
	商务手机	智能手机	便携式上网终端	移动互联网设备	iPhone OS	Android	Windows Mobile	Symbian	Opera	Safari	UCWEB
招商银行	●	●	●	●	●	●	●	●	●	●	●
中信银行	●	●	●	●	●	●	●	●			
深发银行		●	●	●	●						
浦发银行	●	●		●	●	●	●	●	●	●	●

注：1. 数据来源自第一象限，银行业监测研究。

2. ●表示有该项服务。

因此从基本业务、安全措施及适用形式综合来看，招商银行的企业手机银行发展更为完善。

第 5 章　各银行电子商城业务

由于外资境内银行未设立电子商城，邮政储蓄银行未开设电子商城业务，南京银行的普通商城仅作导航用途，且积分商城于 2011 年 12 月上线，网站设立未完善，故本次监测的电子商城业务涵盖了包括国有五大行、其他全国性股份制商业银行及地方银行在内的 19 家银行。监测内容分为虚拟的商旅充值缴费服务以及非虚拟的购物平台服务，后者又进一步划分为普通商城、信用卡商城及积分商城。其中积分商城为少数银行所拥有的特殊形式，因此仅作简述。

所有关于电子商城业务的监测均将产品划分为三类：自有产品、集成产品及导航产品，银行的参与程度由深入浅。由于自有产品仅从银行网站页面无法进行合作品牌的量化，而导航产品银行只提供链接，不具有实质意义上的参与，因此对于此两种产品将只进行类别的划分，而不进行具体监测，仅对集成产品进行产品种类的进一步监测说明。

5.1　商旅充值缴费服务

商旅充值缴费是各大银行电子商城提供的较为重要的一项基本业务。高速运行的商业社会使得时间尤为宝贵，商旅充值缴费实现了银行客户不出家门便可预订机票和酒店，安排商旅行程，进行充值缴费等生活服务内容，节省了大量时间和精力。这种方便、快捷、高效、安全的特性使其成为了电子商城中最活跃、热度最高的业务项目，也是各大银行电子商城主推的基本业务之一。本节从商旅服务和充值缴费服务两大部分具体分析各银行的业务现状及银行间的差异。

5.1.1　商旅服务

在商旅服务上，目前各大银行的业务范围一般覆盖机票预订、酒店预订和旅游产品等，其中机票预订最为成熟。从产品类别来看，自有产品指平台、客服、信息来源银行完全自有；集成产品指银行提供支付终端，信息来源则由商户提供；导航产品指银行作为链接中介存在，只提供导航，而注册和支付都与银行无关。现阶段，银行大多采取集成产品策略，自有产品仍占少数。无论是国有五大行还是其他全国性股份制商业银行，都致力于通过完善自身服务或与较有影响力的第三方商旅网站进行合作，提供更加精细化和个性化的服务，最大程度简化业务流程，提升用户体验。

1. 产品类别

如表 5-1 所示，从商旅服务的三类业务来看，机票预订是各家银行采用的最为大众化的虚拟服务，19 家银行中共有 14 家银行拥有，其次为酒店预订。与此同时，机票预订中自有产品类型的银行数量最多，达到了 4 家，体现出各家银行对该项服务的重视程度。

表 5-1　各银行商旅充值缴费服务产品类别划分

银行名称	机票预订				酒店预订				旅游产品			
	是否有此项服务	自有产品	集成产品	导航产品	是否有此项服务	自有产品	集成产品	导航产品	是否有此项服务	自有产品	集成产品	导航产品
工商银行	●		▲		●			▲	●			▲
农业银行	●		▲		○				○			
建设银行	●			▲	●			▲	●			▲
中国银行	○				○				○			
交通银行	●		▲		●		▲		●			▲
招商银行	●	▲			●	▲			○			
中信银行	○				●		▲		○			
民生银行	●		▲		○				●		▲	
兴业银行	●		▲		●		▲		●		▲	
平安银行	●		▲		●		▲		●		▲	

（续）

银行名称	机票预订				酒店预订				旅游产品			
	是否有此项服务	自有产品	集成产品	导航产品	是否有此项服务	自有产品	集成产品	导航产品	是否有此项服务	自有产品	集成产品	导航产品
深发银行	●			▲	●			▲	○			
光大银行	●	▲			○				○			
浦发银行	●		▲		●		▲		●		▲	
华夏银行	●	▲			●	▲			○			
广发银行	○				○				○			
北京银行	●			▲	●			▲	●			▲
杭州银行	●	▲			●	▲			○			
汉口银行	○				○				○			
宁波银行	○				○				○			
合计	14	4	7	3	12	3	5	4	8	0	4	4

注：1. 数据来源自第一象限，银行业监测研究。

2. ●表示有该项服务，○表示无该项服务；▲表示具体产品类别。

从银行的角度来看，工商银行、建设银行、交通银行、兴业银行、平安银行、浦发银行以及北京银行拥有全部三种商旅服务，但建设银行的三项服务均为导航产品，丰富度有余而参与度不足。招商银行、华夏银行与杭州银行虽然不具备旅游产品服务，但机票预订与酒店预订均为自有产品，既照顾到了产品的丰富度，又体现出其专业度。光大银行仅具有机票预订服务且为自有产品，体现出丰富度不足、专业度有余的特点。中国银行、广发银行、汉口银行以及宁波银行不提供商旅服务。

2. 机票预订

共有 14 家银行提供机票预订服务，其中 4 家为自有产品，7 家为集成产品，3 家为导航产品。在 4 家具有自有产品的银行中，光大银行与华夏银行为信用卡客户专享，招商银行和杭州银行则未就服务限制卡种。因此从产品类别的划分来看，在机票预订服务中，招商银行和杭州银行的发展较为完善，建设银行、深发银行和北京银行仅提供导航链接，发展尚未完善。

由于仅有集成产品能够进行合作品牌的量化，因此关于机票预订的监测只针对 7 家拥有集成产品服务的银行作出分析，得到的结果如表 5-2 所示。

各银行的机票预订集成产品服务大多与旅行网进行合作，利用旅行网的集成优势满足用户需求，直接与航空公司进行合作的仅有平安银行一家，同时平安银行也成为 7 家银行中合作品牌最多的银行。而在对旅行网的选择上，各银行也有着一定的倾向性，其中 7 家银行中的 5 家银行均与 9588 旅行网进行了合作，其次为黄金假日旅游网的 3 家。

表 5-2　各银行机票预订服务合作品牌对比

机票预订品牌	工商银行	农业银行	交通银行	民生银行	兴业银行	平安银行	浦发银行
东方航空						●	
9588 旅行网	●	●	●		●		●
黄金假日旅游网	●			●			●
易宝支付							
上海千里之行			●				
新华旅行网	●						
纵横天地旅游网			●				
芒果网						●	
腾邦国际可可西						●	
携程旅行网						●	
合计	3	1	3	1	1	4	2

注：1. 数据来源自第一象限，银行业监测研究。

2. ●表示银行与该品牌存在合作。

3. 酒店预订

共有 12 家银行提供酒店预订服务，这一数字比机票预订略少。其中 3 家为自有产品，5 家为集成产品，4 家为导航产品。招商银行、华夏银行与杭州银行三家均为自有产品，且为非信用卡专享。工商银行、建设银行、深发银行与北京银行仅作导航产品，在此不进行分析。因此仅对 5 家具有集成产品性质的银行作进一步的监测说明，得到的结果如表 5-3 所示。

相对于机票预订来说，各银行在酒店预订上的合作品牌较少，其中同机票预订相同，选择与 9588 旅行网合作的银行最多，为 3 家，其次为艺龙旅行网。

表 5-3 各银行酒店预订合作品牌对比

酒店预订品牌	交通银行	中信银行	兴业银行	平安银行	浦发银行
芒果网	●			●	
9588 旅行网	●		●		●
艺龙旅行网		●		●	
携程旅行网				●	
合计	2	1	1	3	1

注：1. 数据来源自第一象限，银行业监测研究。

2. ●表示银行与该品牌存在合作。

4. 旅游产品

共有 8 家银行具有旅游产品服务，其中 4 家为集成产品，4 家为导航产品，无自有产品。工商银行、建设银行、交通银行与北京银行仅提供导航链接，故不作进一步的分析，仅对 4 家具有集成产品性质的银行作出监测说明，结果如表 5-4 所示。

表 5-4 各银行旅游产品服务合作品牌对比

旅游合作品牌	民生银行	兴业银行	平安银行	浦发银行
芒果网		●	●	
去吧旅行网				●
9588 旅行网	●			●
黄金假日旅游网	●			
日信观光旅游网	●			
佰程旅行网	●			
汇程旅行网	●			
环球旅行社	●			
携程旅行网			●	
合计	6	1	2	2

注：1. 数据来源自第一象限，银行业监测研究。

2. ●表示银行与该品牌存在合作。

在旅游产品服务中，民生银行的发展较为完善，与包括去吧旅行网在内的 6 家旅行网站进行了合作，为用户提供了较为多元的选择。旅游产品虽未出现较为明显的合作品牌集中，但 9588 旅行网依旧被 2 家银行选中。

因此从商旅服务（包含机票、酒店及旅游产品预订）总体来看，9588

旅行网成为银行最易选择进行合作的品牌。

5.1.2　充值缴费服务

银行充值缴费服务与人们的日常生活息息相关，细分业务集中在话费充值缴纳等生活项目、游戏卡密充值等网上娱乐项目以及票务预订购买等生活娱乐项目上。通过对银行充值缴费产品类别及数量进行监测，可了解各家银行在该细分业务上的覆盖情况和银行间的业务差异。通过自有产品和集成产品类别分析，可了解各大银行在充值缴费业务中的参与程度。现阶段，银行提供的细分业务大部分为集成产品，人们通过银行电子商城窗口解决日常事务，银行扮演着重要的生活中介角色。

1. 产品类别

本次监测共涵盖了手机充值、固话缴费、游戏卡密、彩票及票务等五类充值缴费服务，其中彩票只进行产品类别的监测，得到的结果如表 5-5 所示。在五类服务中，手机充值无疑是最为大众化的使用行为，因此在 20 家银行中有 13 家银行具有此项服务，且均为集成产品，无导航产品，证明银行对手机充值业务的参与度较高。而具有其他四项服务的银行数均在 6 家以下。

表 5-5　各银行充值缴费服务产品类别划分

银行名称	手机充值		固话缴费			游戏卡密		彩票			票务		
	是否有此项服务	集成产品	是否有此项服务	自有产品	集成产品	是否有此项服务	集成产品	是否有此项服务	集成产品	导航产品	是否有此项服务	集成产品	导航产品
工商银行	●	▲	●		▲	●	▲	●	▲		○		
农业银行	●	▲	●		▲	●	▲	○			○		
建设银行	●	▲	○			○		○			○		
中国银行	○		○			○		○			○		
交通银行	●	▲	○			●	▲	●		▲	●	▲	
招商银行	●	▲	●	▲		●	▲	●	▲		○		
中信银行	●	▲	○			○		○			○		
民生银行	●	▲	●		▲	○		●	▲		○		
兴业银行	●	▲	●		▲	●	▲	●	▲		●	▲	
平安银行	●	▲	○			○		○			●	▲	

（续）

银行名称	手机充值		固话缴费			游戏卡密		彩票			票务		
	是否有此项服务	集成产品	是否有此项服务	自有产品	集成产品	是否有此项服务	集成产品	是否有此项服务	集成产品	导航产品	是否有此项服务	集成产品	导航产品
深发银行	●	▲	○			○		○			○		
光大银行	○		○			○		○			○		
浦发银行	●	▲	○			○		●	▲		●		▲
华夏银行	○		○			○		○			○		
广发银行	○		○			○		○			○		
北京银行	○		○			○		○			○		
杭州银行	●	▲	○			○		○			○		
汉口银行	○		○			○		○			○		
宁波银行	●	▲	○			○		○			○		
合计	13	13	5	1	4	5	5	6	5	1	4	3	1

注：1. 数据来源自第一象限，银行业监测研究。

2. ●表示有该项服务；○表示无该项服务；▲表示具体产品类别。

其次，从银行间对比的角度来看，兴业银行具有全部五种充值缴费服务，且均为非导航产品，在所有银行中发展最为全面，其次为工商银行、交通银行与招商银行。其中工商银行的四项服务均为集成产品，招商银行的固话缴费业务为自有产品，交通银行的彩票业务为导航产品，因此相对而言招商银行的参与程度更高，发展更为完善。平安银行虽在业务总数的提供上不占优势，却在票务服务中占有一席之地，体现出较有特色的发展态势。中国银行、光大银行、华夏银行、广发银行、北京银行与汉口银行不提供充值缴费服务。

2. 手机充值

作为充值缴费服务中使用率最高的一项服务，13 家银行的产品均为集成产品，对其合作的品牌作进一步的监测，得到的结果如表 5-6 所示。

从银行合作的品牌来看，易宝与快钱等第三方支付平台以其较高的安全性得到了大多数银行的青睐，两者均与 7 家银行存在合作关系，且相对而言与其他全国性股份制商业银行的合作比率更高。

从银行的维度来看，建设银行的发展最为全面，与除通联支付以外的另外 7 个品牌均存在合作关系，其次为工商银行。

表 5-6 各银行手机充值服务合作品牌对比

银行名称	易宝	快钱	天机移联	联动优势	通联支付	年年卡（007ka）	高阳捷迅	钱袋宝	合作品牌数
工商银行	●		●	●	●	●			5
农业银行								●	1
建设银行	●	●	●	●		●	●	●	7
交通银行		●		●		●		●	4
招商银行	●	●						●	3
中信银行								●	1
民生银行	●	●	●				●		4
兴业银行			●						1
平安银行	●								1
深发银行	●	●							2
浦发银行	●	●		●					3
杭州银行					●				1
宁波银行		●							1
合计	7	7	4	4	2	3	2	5	

注：1．数据来源自第一象限，银行业监测研究。

2．●表示银行与该品牌存在合作。

3．固话缴费

共有 5 家银行提供了固话缴费业务，其中招商银行为自有产品，其他 4 家银行为集成产品。由于固话缴费不存在合作品牌关系，因此将对其支持的运营商作进一步的监测说明。监测结果如表 5-7 所示。

表 5-7 各银行固话缴费业务支持运营商对比

银行名称	中国电信	中国移动	中国联通	中国铁通	支持运营商数
工商银行	●	●	●	●	4
农业银行	●		●		2
招商银行	●	●	●	●	4
民生银行	●		●		2
兴业银行	●		●		2
合计	5	2	5	2	

注：1．数据来源自第一象限，银行业监测研究。

2．●表示银行与该运营商存在合作。

从运营商的角度来看，中国电信与中国联通的适用性更高，均对全部5家银行提供固话缴费业务支持，中国移动与中国铁通适用性较低。从银行的角度来看，工商银行与招商银行对4家运营商均提供固话缴费服务的支持，其他3家银行仅支持中国电信与中国联通。

4. 游戏卡密

共有5家银行提供游戏卡密的充值缴费服务，且均为集成产品，由于各家银行合作的品牌数目较多且分散，因此将仅列出与3家及以上银行达成合作关系的品牌。监测结果如表5-8所示。

表5-8 各银行游戏卡密服务合作品牌对比

游戏卡品牌	工商银行	农业银行	交通银行	招商银行	兴业银行	合作银行数
Q币	●	●	●	●	●	5
魔兽世界	●	●	●		●	4
完美一卡通	●	●	●	●		4
网易一卡通	●	●	●	●	●	5
搜狐畅游一卡通	●	●	●	●		4
光宇一卡通	●		●	●		3
金山一卡通	●	●	●	●	●	5
征途巨人	●	●	●	●		4
久游休闲卡	●	●	●	●		4
盛大互动娱乐一卡通	●	●	●	●		4
中华网游戏一卡通	●	●	●	●		4
麒麟一卡通	●	●	●			3
91币卡	●		●	●	●	4
宏象一卡通	●		●		●	3
金酷一卡通	●		●		●	3
猫扑一卡通	●		●		●	3
面对面充值卡	●		●		●	3
奇迹	●		●		●	3
易玩通卡	●		●		●	3
悠游一卡通	●		●		●	3
中青宝网一卡通	●		●		●	3
其他	19	3	4	0	11	
合计	40	14	25	11	24	

注：1. 数据来源自第一象限，银行业监测研究。

2. ●表示银行与该品牌存在合作。

从合作品牌的角度来看，Q 币、网易一卡通与金山一卡通是银行最多选择的品牌，与本次监测的 5 家银行均存在合作关系。从银行的角度来看，相对于手机充值与固话缴费，游戏卡密充值服务的合作品牌更加多元化，其中工商银行与交通银行的合作品牌数较多，农业银行与招商银行的合作品牌数较少。

5. 票务

在充值缴费服务中，提供票务服务的银行数最少，仅为 4 家。其中浦发银行为导航产品，其余 3 家为集成产品。在此仅对 3 家银行可购票务作进一步的监测说明。监测结果如表 5-9 所示。

兴业银行与平安银行提供 6 种票务的购买服务，发展较为完善。交通银行虽仅有一种票务可购，但电影票却是兴业银行与平安银行未实现的服务，体现出较有特色的发展。

表 5-9　各银行可购票务对比

银行名称	音乐会	演唱会	话剧歌剧	舞蹈芭蕾	戏曲综艺	体育赛事	电影票	合计
交通银行							●	1
兴业银行	●	●	●	●	●	●		6
平安银行	●	●	●	●	●	●		6

注：1. 数据来源自第一象限，银行业监测研究。
2. ●表示该类票可购。

5.2 普通商城服务

目前，银行电子商城主要存在 3 种具体形态：普通商城、信用卡商城和积分商城。普通商城是银行旗下的 B2C 商城，与专业的 B2C 商城如京东、当当相比，银行经营普通商城的优势并不明显，在产品丰富度、产品价格、售前/售后服务、反馈评价体系、配送物流体系、营销广告上都有所欠缺，这与普通商城作为银行业务范围的拓展和产业链的纵向延伸目前仍处于发展初期有很大关系。此次监测横向覆盖普通商城十大产品类别，纵向深入至每一产品类别下的细分产品子类，并进一步深入至产品品牌及产品数量，全面展示了银行普通商城产品分布概况。同时，辅助以普通商城整体服务体系和营销体系监测，实现了对银行普通商城全景式的观察描述。

普通商城与信用卡商城的区别在于是否为信用卡专享，前者较后者具有更广泛的支付适用性，后者较前者具有更强的专业性。如表 5-10 所示，在 19 家银行中，工商银行、农业银行、建设银行、招商银行、民生银行、浦发银行以及杭州银行等 7 家银行同时设立普通商城与信用卡商城，汉口银行仅设有普通商城，其余 11 家银行仅设立信用卡商城。我们将依据其不同的特点进行不同的监测。

表 5-10　各银行商城类型对比

银行名称	普通商城	信用卡商城
工商银行	●	●
农业银行	●	●
建设银行	●	●
中国银行	○	●
交通银行	○	●
招商银行	●	●
中信银行	○	●
民生银行	●	●
兴业银行	○	●
平安银行	○	●
深发银行	○	●
光大银行	○	●
浦发银行	●	●
华夏银行	○	●
广发银行	○	●
北京银行	○	●
杭州银行	●	●
汉口银行	●	○
宁波银行	○	●
合计	8	18

注：1. 数据来源自第一象限，银行业监测研究。

2. ●表示有该项服务，○表示无该项服务。

共有 8 家银行提供了普通商城服务，其中包括两家国有银行、4 家其他全国性股份制商业银行以及两家地方银行。招商银行与浦发银行的普通商城仅提供导航服务，不属于自主产品，因此将仅对非导航产品的 6 家银行作出进一步的监测说明。

5.2.1　产品类别

银行普通商城产品覆盖手机数码、电脑办公、家用电器、钟表首饰、礼品箱包、个护化妆、家居百货、服装鞋帽、运动健康及其他十大类别。从产品大类来看，统计各大类产品数量占总体产品数量百分比发现，各家银行采取了差异化的产品策略，产品侧重类别和集中程度各有不同。工商银行侧重礼品箱包；农业银行侧重服装鞋帽；建设银行侧重电脑办公；民生银行侧重个护化妆；杭州银行、汉口银行侧重钟表首饰。从银行横向比较来看，在同一产品大类中，银行产品线分布不同，细分产品数量也存在较大差异，国有银行产品明显更加丰富，其中工商银行最为典型。

1. 手机数码

如表 5-11 所示，从产品的数量分布来看，手机产品与摄影摄像产品等器材类产品是数码产品的主要类别，配件类产品的种类数则较少。

表 5-11　各银行普通商城手机数码产品数量对比

银行名称	手机	占比（%）	手机配件	占比（%）	数码影音	占比（%）	数码工具	占比（%）	数码配件	占比（%）	摄影摄像	占比（%）	合计
工商银行	542	30.8	61	3.5	112	6.4	270	15.3	7	0.4	768	43.6	1760
农业银行	636	96.5	0	0.0	4	0.6	3	0.5	0	0.0	16	2.4	659
建设银行	228	33.2	53	7.7	88	12.8	38	5.5	0	0.0	279	40.7	686
民生银行	3	6.0	3	6.0	12	24.0	7	14.0	0	0.0	25	50.0	50
杭州银行	143	47.2	86	28.4	23	7.6	8	2.6	0	0.0	43	14.2	303
汉口银行	98	37.3	83	31.6	25	9.5	15	5.7	0	0.0	42	16.0	263

注：1. 数据来源自第一象限，银行业监测研究。

2. 占比指该子类产品数量占该大类产品的百分比，一定程度上反映了银行在该类产品上的丰富度分布。

从各银行的手机数码产品总数来看，国有五大行的优势十分明显，其中工商银行的产品总种类数更是遥遥领先，并且在 6 类产品中均有分布，产品丰富度较高。相比之下，农业银行虽然具有较高的产品种类数，但产品线过于集中，有96.5%的数码产品属于手机。民生银行的产品种类数较少，与其他银行的差距较为明显。杭州银行与汉口银行的产品种类数位于中等水平，且产品线分布较广，发展情况良好。

2. 电脑办公

如表 5-12 所示，电脑在电脑办公类产品中占据了绝对的优势，除汉口银行外，其他 5 家银行均有超过 50%的电脑办公类产品集中在电脑一项上。

表 5-12 各银行普通商城电脑办公产品数量对比

银行名称	电脑	占比（%）	外设	占比（%）	电脑配件	占比（%）	网络设备	占比（%）	办公打印	占比（%）	办公文仪	占比（%）	电脑软件	占比（%）	合计
工商银行	1334	92.3	52	3.6	4	0.3	6	0.4	17	1.2	16	1.1	17	1.2	1446
农业银行	23	53.5	0	0.0	0	0.0	0	0.0	0	0.0	0	0.0	20	46.5	43
建设银行	769	84.3	45	4.9	15	1.6	6	0.7	74	8.1	0	0.0	3	0.3	912
民生银行	6	100.0	0	0.0	0	0.0	0	0.0	0	0.0	0	0.0	0	0.0	6
杭州银行	114	70.8	40	24.8	0	0.0	4	2.5	3	1.9	0	0.0	0	0.0	161
汉口银行	122	44.0	143	51.6	5	1.8	0	0.0	6	2.2	0	0.0	1	0.4	277

注：1. 数据来源自第一象限，银行业监测研究。

2. 占比指该子类产品数量占该大类产品的百分比，一定程度上反映了银行在该类产品上的丰富度分布。

从银行的角度来看，农业银行在电脑办公类产品中并未占优，而工商银行与建设银行依旧保持着产品总数的优势，相对而言建设银行在产品种类的分布上更为分散。民生银行的产品线仍旧较窄，仅有 6 种电脑类产品出售，杭州银行与汉口银行的电脑办公类产品分布也较为集中，产品总数依旧位于中等水平。

3. 家用电器

如表 5-13 所示，家用电器的品类分布相对于手机数码与电脑办公来说更为分散，大家电、生活电器、厨房电器及健康电器都有一定比例的分布。个人护理、五金电器及汽车用品的上架率则较低。

从各银行的分布来看，工商银行与建设银行依旧是产品总数最多的两家银行，且前者的产品线分布更为广泛。农业银行在家用电器上的产品数进一步下降，成为 6 家银行中产品总数最少的银行，仅出售生活电器与健康电器。杭州银行与汉口银行虽受地方银行经营范围的限制，但产品总数与产品分布发展较为完善。

表 5-13 各银行普通商城家用电器产品数量对比

银行名称	大家电	占比（%）	生活电器	占比（%）	厨房电器	占比（%）	个人护理	占比（%）	健康电器	占比（%）	五金电器	占比（%）	汽车用品	占比（%）	合计
工商银行	195	28.5	67	9.8	130	19.0	51	7.5	213	31.1	0	0.0	28	4.1	684
农业银行	0	0.0	2	66.7	0	0.0	0	0.0	1	33.3	0	0.0	0	0.0	3
建设银行	127	22.9	125	22.6	161	29.1	44	7.9	97	17.5	0	0.0	0	0.0	554
民生银行	12	14.1	24	28.2	10	11.8	15	17.6	24	28.2	0	0.0	0	0.0	85
杭州银行	36	10.3	32	9.1	173	49.4	17	4.9	71	20.3	13	3.7	8	2.3	350
汉口银行	27	7.1	38	10.1	189	50.0	16	4.2	95	25.1	13	3.4	0	0.0	378

注：1. 数据来源自第一象限，银行业监测研究。

2. 占比指该子类产品数量占该大类产品的百分比，一定程度上反映了银行在该类产品上的丰富度分布。

4. 钟表首饰

如表 5-14 所示，各银行在钟表首饰大类产品中向钟表类产品集中的趋势较为明显，半数的银行不出售珠宝首饰。在钟表首饰的产品总数中，工商银行依旧保持着领先的优势，杭州银行与汉口银行表现较为突出，虽然仅出售钟表一类产品，但产品总数较多。

表 5-14 各银行普通商城钟表首饰产品数量对比

银行名称	钟表	占比（%）	珠宝首饰	占比（%）	合计
工商银行	1215	96.0	51	4.0	1266
农业银行	202	79.8	51	20.2	253
建设银行	345	90.6	36	9.4	381
民生银行	37	100.0	0	0.0	37
杭州银行	522	100.0	0	0.0	522
汉口银行	545	100.0	0	0.0	545

注：1. 数据来源自第一象限，银行业监测研究。

2. 占比指该子类产品数量占该大类产品的百分比，一定程度上反映了银行在该类产品上的丰富度分布。

5. 礼品箱包

如表 5-15 所示，银行多未在普通商城中出售奢侈品，但对礼品和箱包皮具的选择侧重则稍显不同，其中建设银行拥有更多的箱包皮具，而其他 5 家银行则更多地选择了礼品类别。在产品总数上，除工商银行依旧保持领先优势外，农业银行也在该类别占有一定的优势。

表 5-15　各银行普通商城礼品箱包产品数量对比

银行名称	奢侈名品	占比（%）	礼品收藏	占比（%）	箱包皮具	占比（%）	合计
工商银行	51	1.7	2602	88.8	276	9.4	2929
农业银行	51	6.1	457	54.8	326	39.1	834
建设银行	36	13.5	10	3.7	221	82.8	267
民生银行	0	0.0	67	62.6	40	37.4	107
杭州银行	0	0.0	299	66.2	153	33.8	452
汉口银行	0	0.0	308	74.0	108	26.0	416

注：1. 数据来源自第一象限，银行业监测研究。
2. 占比指该子类产品数量占该大类产品的百分比，一定程度上反映了银行在该类产品上的丰富度分布。

6. 个护化妆

如表 5-16 所示，在个护化妆中护肤品所占的比重较高，但与前几类产品不同的是，建设银行的产品总数最多，其次为民生银行。工商银行的个护化妆产品总数虽较少，但产品线分布较广，成为唯一一家在 5 个子类别中均有分布的银行。农业银行、杭州银行与汉口银行则将产品线的重点放在了香水香氛上，超过了护肤品的比例。

表 5-16　各银行普通商城个护化妆产品数量对比

银行名称	护肤品	占比（%）	香水香氛	占比（%）	彩妆品	占比（%）	口腔护理	占比（%）	特殊护理	占比（%）	合计
工商银行	134	56.1	11	4.6	14	5.9	13	5.4	67	28.0	239
农业银行	21	13.3	119	75.3	18	11.4	0	0.0	0	0.0	158
建设银行	535	85.5	52	8.3	39	6.2	0	0.0	0	0.0	626
民生银行	474	96.7	0	0.0	16	3.3	0	0.0	0	0.0	490
杭州银行	129	39.6	182	55.8	15	4.6	0	0.0	0	0.0	326
汉口银行	142	43.4	170	52.0	15	4.6	0	0.0	0	0.0	327

注：1. 数据来源自第一象限，银行业监测研究。
2. 占比指该子类产品数量占该大类产品的百分比，一定程度上反映了银行在该类产品上的丰富度分布。

7. 家居百货

如表 5-17 所示，厨房用具与生活用品是各银行在家居百货中的主要商品类型，且相对于其他种类的产品来说，各银行在家居百货中的产品线集中度较高。从银行的维度来看，除工商银行依旧保持其一贯的优势外，民生银行的家居百货种类较多，且分布范围较广，建设银行与汉口银行紧随其后。

表 5-17　各银行普通商城家居百货产品数量对比

银行名称	厨房用具	占比（%）	餐具	占比（%）	生活用品	占比（%）	灯具	占比（%）	宠物用品	占比（%）	其他	占比（%）	合计
工商银行	188	29.6	58	9.1	348	54.7	42	6.6	0	0.0	0	0.0	636
农业银行	30	100	0	0.0	0	0.0	0	0.0	0	0.0	0	0.0	30
建设银行	72	57.6	0	0.0	52	41.6	0	0.0	1	0.8	0	0.0	125
民生银行	154	55.4	13	4.7	39	14.0	0	0.0	1	0.4	71	25.5	278
杭州银行	5	8.5	0	0.0	54	91.5	0	0.0	0	0.0	0	0.0	59
汉口银行	29	18.7	3	1.9	122	78.7	0	0.0	1	0.6	0	0.0	155

注：1．数据来源自第一象限，银行业监测研究。

2．占比指该子类产品数量占该大类产品的百分比，一定程度上反映了银行在该类产品上的丰富度分布。

8．服装鞋帽

如表 5-18 所示，在服装鞋帽类产品中，各银行的侧重点不同。从产品总数来看，工商银行失去了优势，农业银行的优势较为明显，其次为两家地方银行——杭州银行与汉口银行，建设银行与民生银行的产品总数较少，且后者的产品分布较为狭窄。从产品分布的广泛度来看，农业银行、建设银行的分布较为广泛。从各银行选取的主要产品类型来看，工商银行与建设银行的童装较多，农业银行、杭州银行与汉口银行的女装分布则较多。

表 5-18　各银行普通商城服装鞋帽产品数量对比

银行名称	男装	占比（%）	女装	占比（%）	运动	占比（%）	内衣	占比（%）	配饰	占比（%）	童装	占比（%）	其他	占比（%）	合计
工商银行	0	0.0	0	0.0	0	0.0	0	0.0	0	0.0	23	100	0	0.0	23
农业银行	1072	28.5	1215	32.3	393	10.5	421	11.2	0	0.0	657	17.5	0	0.0	3758
建设银行	11	32.4	1	2.9	0	0.0	5	14.7	1	2.9	16	47.1	0	0.0	34
民生银行	0	0.0	0	0.0	0	0.0	0	0.0	0	0.0	0	0.0	35	100	35
杭州银行	3	0.9	261	76.5	0	0.0	12	3.5	3	0.9	62	18.2	0	0.0	341
汉口银行	3	0.9	263	76.7	0	0.0	12	3.5	3	0.9	62	18.1	0	0.0	343

注：1．数据来源自第一象限，银行业监测研究。

2．占比指该子类产品数量占该大类产品的百分比，一定程度上反映了银行在该类产品上的丰富度分布。

9．运动健康

如表 5-19 所示，在运动健康类产品中，除工商银行与农业银行外，其他4家银行的产品总数较少，且产品分布较集中，建设银行的纤体瑜伽类产品较多，民生银行的户外鞋服类产品较多，杭州银行与汉口银行的产品分布则集中于户外装备与运动器械中。产品种类数相对较多的工商银行与农业银行的侧重点也各有不同，农业银行的全部运动健康产品为户外鞋服，而工商银行的产品线分布相对广泛，其中户外装备类产品最多。因此总体来看，各银行在运动健康类产品中的选择差异较大。

表 5-19　各银行普通商城运动健康产品数量对比

银行名称	户外鞋服	占比（%）	户外装备	占比（%）	运动器械	占比（%）	纤体瑜伽	占比（%）	体育娱乐	占比（%）	保健器械	占比（%）	合计
工商银行	116	6.0	1474	76.3	323	16.7	2	0.1	0	0.0	17	0.9	1932
农业银行	116	100	0	0.0	0	0.0	0	0.0	0	0.0	0	0.0	116
建设银行	5	27.8	4	22.2	0	0.0	9	50.0	0	0.0	0	0.0	18
民生银行	16	88.9	2	11.1	0	0.0	0	0.0	0	0.0	0	0.0	18
杭州银行	0	0.0	21	53.8	17	43.6	1	2.6	0	0.0	0	0.0	39
汉口银行	0	0.0	21	53.8	16	41.0	1	2.6	1	2.6	0	0.0	39

注：1. 数据来源自第一象限，银行业监测研究。

2. 占比指该子类产品数量占该大类产品的百分比，一定程度上反映了银行在该类产品上的丰富度分布。

10. 其他

如表 5-20 所示，其他类产品可以体现出各家银行普通商城一些独特的产品特点，如工商银行提供了较多的母婴用品，农业银行提供了大量的图书音像产品，其中一大部分产品为杂志订阅，杭州银行与汉口银行则提供了较多的玩具产品。

表 5-20　各银行普通商城其他类产品数量对比

银行名称	母婴用品	玩具	乐器	酒饮冲调	图书音像
工商银行	257	3	1		
农业银行				37	169488
建设银行	3				1
民生银行		13			
杭州银行	16	162			
汉口银行	16	162			

注：数据来源自第一象限，银行业监测研究。

11．产品丰富度

如表 5-21 所示，将各银行的所有大类产品再一次进行丰富度的比较，可以看出各家银行普通商城总体的产品分布情况。从产品总数上来看，工商银行相较其他 5 家银行具有较大的优势，产品总数达到万种以上，其次为农业银行与建设银行，因此国有五大行在普通商城的产品总数上具有整体的优势。其次从各银行产品线的分布来看，农业银行虽然具有较多的产品总数，但分布较为集中，超过 60%的产品分布集中于服装鞋帽，相比之下工商银行与建设的产品线分布更为广泛，其中工商银行的礼品箱包类产品最多，建设银行的电脑办公类产品最多。杭州银行与汉口银行在产品的分布上也较为分散，没有绝对的优势产品类别，相对而言两家银行的钟表首饰类产品居多。民生银行产品总数在 6 家银行中最少，且产品线分布也较为集中，有 44.3%的产品为个护化妆，体现出与其他银行不同的产品倾向。因此从总体来看，工商银行与建设银行在普通商城上发展较为完善，但银行间的产品侧重各有不同，可谓发展各异。

表 5-21　各银行普通商城产品丰富度对比

银行名称	手机数码	占比(%)	电脑办公	占比(%)	家用电器	占比(%)	钟表首饰	占比(%)	礼品箱包	占比(%)	个护化妆	占比(%)	家居百货	占比(%)	服装鞋帽	占比(%)	运动健康	占比(%)	合计
工商银行	1760	16.1	1446	13.2	684	6.3	1266	11.6	2929	26.8	239	2.2	636	5.8	23	0.2	1932	17.7	10915
农业银行	659	11.3	43	0.7	3	0.1	253	4.3	834	14.2	158	2.7	30	0.5	3758	64.2	116	2.0	5854
建设银行	686	19.0	912	25.3	554	15.4	381	10.6	267	7.4	626	17.4	125	3.5	34	0.9	18	0.5	3603
民生银行	50	4.5	6	0.5	85	7.7	37	3.3	107	9.7	490	44.3	278	25.1	35	3.2	18	1.6	1106
杭州银行	303	11.9	161	6.3	350	13.7	522	20.4	452	17.7	326	12.8	59	2.3	341	13.4	39	1.5	2553
汉口银行	263	9.6	277	10.1	378	13.8	545	19.9	416	15.2	327	11.9	155	5.7	343	12.5	39	1.4	2743

注：1．数据来源自第一象限，银行业监测研究。

2．占比指该大类产品数量占该银行产品总数的百分比，一定程度上反映了银行在普通商城产品上的丰富度分布。

5.2.2 产品服务

产品服务是衡量银行普通商城平台“软实力”的重要依据。客户服务的人性化程度、平台易用性程度直接决定着消费者的消费体验，进而影响消费者对银行普通商城的决策选择。了解各大银行在订购支付方式、客户服务以及商城营销推广上的差异可以帮助银行了解自身优劣势，寻找差异点。通过实行差异化发展策略，银行可优化普通商城平台的生态环境和消费体验，在提高原有消费者忠诚度的基础上吸引更多新消费者加入。

1. 订购支付方式

普通商城的订购支付方式较为统一，6 家银行均支持在线订购与支付，其中建设银行同时支持电话订购与支付。相对而言，邮件订购支付、传真订购支付以及其他更加多元化的订购支付方式各家银行涉足较少。

2. 客户服务

如表 5-22 所示，从客服类型来看，除工商银行外，其他 5 家银行均具有两种客服类型，而电话客服是最为大众化的形式，其次为在线客服。由于电话客服与在线客服相对于网页留言能够更加实时地解决客户问题，因此相比之下，民生银行、杭州银行、汉口银行等比国有五大行的客服发展更为完善，其中民生银行更为突出，具有本次监测涵盖的全部 3 种客服类型。

表 5-22 各银行普通商城客服类型对比

银行名称	在线客服	电话客服	网页留言	其他
工商银行		●		
农业银行		●		●
建设银行		●	●	
民生银行	●	●	●	
杭州银行	●	●		
汉口银行	●	●		

注：1. 数据来源自第一象限，银行业监测研究。

2. ●表示有该项服务。

如表 5-23 所示，产品评价反映了商城用户对货物的反馈情况，也可以构建商城的口碑，从本次监测来看，国有五大行在产品评价方面仍旧欠缺，评分体系与评论体系均不存在，而其他全国性或地方性商业银行则同时具备评分体系与评论体系。

售后和物流从产品售出的主观与客观服务两方面衡量商城的客户服务质量。在售后服务与物流配送中，国有五大行的 3 家银行与汉口银行均由银行合作的商户负责，民生银行均由商城本身负责，杭州银行的售后由商户负责，而物流则由商户负责，因此民生银行在这一方面表现最好，但其物流配送需要收费，一定程度上增加了用户的成本。除此之外，建设银行售后与物流均由商户负责，但物流仍旧采取收费的措施，用户流失可能性较大。

退换货和投诉处理反映出产品售出后用户遇到问题时的解决途径，反映出各银行对产品的全程负责态度。6 家银行均具有退换货服务，其中工商银行与建设银行由商户负责，其他 4 家银行则由商城负责。而在投诉处理中，仅有工商银行与杭州银行两家银行具有这一服务，且前者为商户负责，后者为商城负责，因此杭州银行在产品售出后的问题追踪上表现最好。

表 5-23 各银行客户服务体系对比

银行名称	产品评价		售后服务		物流配送		物流收费		退换货		投诉处理	
	评分体系	评论体系	商城负责	商户负责	商城负责	商户负责	收费	免费	商城负责	商户负责	商城负责	商户负责
工商银行				●		●		●		●		●
农业银行				●		●		●		●		
建设银行				●		●	●		●			
民生银行	●	●	●		●		●		●			
杭州银行	●	●	●			●		●	●		●	
汉口银行	●	●		●		●		●	●			

注：1. 数据来源自第一象限，银行业监测研究。

2. ●表示有该项服务。

3. 商城营销

（1）客户激励

如表 5-24 所示，各银行普通商城的客户激励方式总体来说相对欠缺，其中表现最好的为建设银行，拥有积分以及赠送礼品两种方式（建设银行的普通商城与信用卡商城为同一界面，但支持不同的支付方式，因此享有积分激励措施），其次为工商银行，其他 4 家银行则没有客户激励措施。

表 5-24　各银行普通商城客户激励方式对比

银行名称	积分	代金券	赠送礼品
工商银行			●
农业银行			
建设银行	●		●
民生银行	●		
杭州银行			
汉口银行			

注：1. 数据来源自第一象限，银行业监测研究。
　　2. ●表示有该项服务。

（2）宣传措施

如表 5-25 所示，6 家银行均有针对不同节日设立的活动专区以及针对不同品牌开展的品牌专区，其中工商银行与建设银行的品牌数量较多。此外，工商银行、建设银行以及杭州银行还有针对不同专题设立的主题专区（如户外专区等），工商银行与杭州银行还通过自身宣传扩大影响力。因此从总体上看，工商银行与杭州银行的普通商城宣传措施发展较为完善，其次为建设银行，农业银行、民生银行与汉口银行略显不足。

表 5-25　各银行普通商城宣传措施对比

银行名称	活动专区	主题专区	品牌专区		自身宣传
			有否	数量	
工商银行	●	●	●	13	●
农业银行	●		●	7	
建设银行	●	●	●	22	
民生银行	●		●	1	
杭州银行	●	●	●	4	●
汉口银行	●		●	2	

注：1. 数据来源自第一象限，银行业监测研究。
　　2. ●表示有该项服务。

（3）促销方式

如表 5-26 所示，团购和低价抢购是各银行普通商城最常采用的两种方式，其中工商银行同时具备两种促销方式，并且产品数量在 6 家银行中居首位。杭州银行与汉口银行仅有团购促销形式，民生银行仅有低价抢购促销形式，且三家银行促销产品数量均低于 10 种，农业银行与建设银行的普通商城则没有促销方式。

表 5-26　各银行普通商城促销方式及产品数量对比

银行名称	团购		低价抢购	
	是否有该项服务	产品数量	是否有该项服务	产品数量
工商银行	●	28	●	35
农业银行				
建设银行				
民生银行			●	2
杭州银行	●	6		
汉口银行	●	6		

注：1. 数据来源自第一象限，银行业监测研究。

2. ●表示有该项服务。

5.3 信用卡商城服务

相比于普通商城，信用卡商城是银行最具优势和实力的项目之一，也是银行电子商务区别于其他普通电子商务的内容之一。信用卡商城是银行信用卡业务与 B2C 电子商务结合的新尝试，其最大特点及优势在于分期付款。信用卡商城的推出顺应了当下人们超前的消费观，尤其对年轻人具备更大的吸引力。目前，国内多家银行推出信用卡商城，相比于银行普通商城而言，信用卡商城的发展更为成熟，各家银行也对信用卡商城的建设更为重视。

在本次监测的范围内共有 18 家银行提供信用卡商城服务，其中包括国有五大行[㊀]、10 家其他全国性股份制商业银行以及 3 家地方银行。下面将对其作出进一步的监测说明。

5.3.1 产品类别

信用卡商城产品覆盖手机数码、电脑办公、家用电器、钟表首饰、礼品箱包、个护化妆、家居百货、服装鞋帽、运动健康、食品饮料及其他等

㊀ 建设银行推出的“龙卡商城”既可使用非信用卡一次性支付，也可使用信用卡分期支付，因此在普通商城与信用卡商城两部分中的产品类别以及产品种类数完全一致。

11 个类别。无论是国有五大行、其他全国性股份制商业银行还是地方银行，信用卡商城产品多集中在手机数码、电脑办公、家用电器、钟表首饰和礼品箱包这几大类上，除个别银行外个护化妆、家居百货、服装鞋帽、运动健康及食品饮料类占比相对较低。与普通商城类似，银行在信用卡商城产品类别上也各有侧重。其中，钟表首饰、礼品箱包类中的奢侈品类别可多加关注，部分银行在奢侈品上形成了发展特色。中国奢侈品市场发展迅速，作为全球第二大奢侈品消费市场，人们对奢侈品的消费需求也与日俱增，分期付款的优势在此可充分发挥。

1. 手机数码

如表 5-27 所示，同普通商城一样，手机通信产品以及摄影摄像产品依旧是各银行信用卡商城最主要的手机数码产品类别，其中除广发银行以外，其他 17 家银行的产品线均更向手机通信类产品集中。

表 5-27 各银行信用卡商城手机数码产品数量对比

银行名称	手机通信	占比（%）	手机配件	占比（%）	数码影音	占比（%）	数码工具	占比（%）	数码配件	占比（%）	摄影摄像	占比（%）	其他配件	占比（%）	合计
工商银行	534	37.3	17	1.2	102	7.1	115	8.0	4	0.3	660	46.1	0	0.0	1432
农业银行	66	34.7	11	5.8	7	3.7	15	7.9	1	0.5	90	47.4	0	0.0	190
建设银行	230	31.8	89	12.3	88	12.2	38	5.2	0	0.0	279	38.5	0	0.0	724
中国银行	294	43.0	35	5.1	32	4.7	42	6.1	0	0.0	280	41.0	0	0.0	683
交通银行	546	37.9	46	3.2	261	18.1	61	4.2	15	1.0	512	35.5	0	0.0	1441
招商银行	451	45.1	50	5.0	78	7.8	69	6.9	2	0.2	349	34.9	0	0.0	999
中信银行	493	55.6	30	3.4	71	8.0	26	2.9	41	4.6	226	25.5	0	0.0	887
民生银行	614	47.6	225	17.4	214	16.6	42	3.3	3	0.2	192	14.9	0	0.0	1290
兴业银行	617	64.9	28	2.9	59	6.2	28	2.9	15	1.6	204	21.5	0	0.0	951
平安银行	479	50.6	69	7.3	158	16.7	10	1.1	12	1.3	218	23.0	0	0.0	946
深发银行	302	64.1	19	4.0	51	10.8	29	6.2	0	0.0	70	14.9	0	0.0	471
光大银行	702	63.8	71	6.5	51	4.6	32	2.9	2	0.2	236	21.5	6	0.5	1100
浦发银行	190	61.7	39	12.7	16	5.2	11	3.6	0	0.0	52	16.9	0	0.0	308
华夏银行	499	59.7	80	9.6	68	8.1	52	6.2	7	0.8	130	15.6	0	0.0	836
广发银行	62	38.3	4	2.5	13	8.0	6	3.7	5	3.1	72	44.4	0	0.0	162
北京银行	242	68.4	27	7.6	46	13.0	6	1.7	0	0.0	33	9.3	0	0.0	354
杭州银行	20	60.6	0	0.0	0	0.0	2	6.1	0	0.0	11	33.3	0	0.0	33
宁波银行	125	40.3	61	19.7	35	11.3	11	3.5	15	4.8	56	18.1	7	2.3	310

注：1. 数据来源自第一象限，银行业监测研究。

2. 占比指该子类产品数量占该大类产品的百分比，一定程度上反映了银行在该类产品上的丰富度分布。

从银行的产品总数来看，工商银行与交通银行在手机数码产品总数上占据优势，民生银行与光大银行的产品总数也在 1000 种以上。产品总数不足 200 的有 3 家银行，分别为农业银行、广发银行以及杭州银行。从银行的产品集中度来看，在 4 家 1000 种产品数以上的银行中，工商银行、交通银行以及民生银行的产品分布相对较为广泛，光大银行的产品则较为集中于手机通信类产品。集中度相对较高的为兴业银行、深发银行、光大银行、浦发银行、北京银行以及杭州银行，这 5 家银行均有超过 60%的产品集中在手机通信类别上。

2. 电脑办公

如表 5-28 所示，从产品的维度来看，在电脑办公类产品中，除深发银行外，大部分银行的信用卡商城同普通商城一样依旧将产品重点放在了电脑产品上，其次为电脑辅助类的外设产品。

表 5-28　各银行信用卡商城电脑办公类产品数量对比

银行名称	电脑	占比（%）	外设	占比（%）	电脑配件	占比（%）	网络设备	占比（%）	办公打印	占比（%0	办公文仪	占比（%）	电脑软件	占比（%）	合计
工商银行	1334	96.1	44	3.2	3	0.2	2	0.1	5	0.4	0	0.0	0	0.0	1388
农业银行	202	89.0	4	1.8	0	0.0	0	0.0	11	4.8	0	0.0	10	4.4	227
建设银行	769	84.1	46	5.0	15	1.6	7	0.8	74	8.1	0	0.0	3	0.3	914
中国银行	469	76.6	31	5.1	4	0.7	12	2.0	92	15.0	0	0.0	4	0.7	612
交通银行	546	60.9	244	27.2	16	1.8	19	2.1	58	6.5	14	1.6	0	0.0	897
招商银行	325	63.7	114	22.4	20	3.9	8	1.6	43	8.4	0	0.0	0	0.0	510
中信银行	559	72.7	147	19.1	13	1.7	0	0.0	33	4.3	0	0.0	17	2.2	769
民生银行	472	62.1	139	18.3	29	3.8	0	0.0	52	6.8	65	8.6	3	0.4	760
兴业银行	381	88.6	16	3.7	21	4.9	3	0.7	7	1.6	0	0.0	2	0.5	430
平安银行	663	78.6	124	14.7	18	2.1	2	0.2	34	4.0	0	0.0	3	0.4	844
深发银行	0	0.0	76	83.5	8	8.8	5	5.5	2	2.2	0	0.0	0	0.0	91
光大银行	187	57.7	67	20.7	13	4.0	10	3.1	47	14.5	0	0.0	0	0.0	324
浦发银行	116	92.1	7	5.6	2	1.6	1	0.8	0	0.0	0	0.0	0	0.0	126
华夏银行	214	68.2	53	16.9	16	5.1	2	0.6	25	8.0	4	1.3	0	0.0	314
广发银行	53	82.8	5	7.8	0	0.0	0	0.0	2	3.1	4	6.3	0	0.0	64
北京银行	168	93.9	11	6.1	0	0.0	0	0.0	0	0.0	0	0.0	0	0.0	179
杭州银行	27	100	0	0.0	0	0.0	0	0.0	0	0.0	0	0.0	0	0.0	27
宁波银行	105	67.3	14	9.0	0	0.0	2	1.3	18	11.5	0	0.0	17	10.9	156

注：1. 数据来源自第一象限，银行业监测研究。

2. 占比指该子类产品数量占该大类产品的百分比，一定程度上反映了银行在该类产品上的丰富度分布。

从银行的产品总数来看，工商银行成为唯一一家电脑办公类产品总数在 1000 种以上的银行，其次为建设银行、交通银行与平安银行。深发银行、广发银行以及杭州银行的电脑办公类产品总数在 100 种以下。从产品的集中度来看，在产品总数排名靠前的银行中，工商银行与建设银行的产品集中度较高，前者更是有 96.1%的产品集中在电脑上，交通银行与平安银行的产品集中度相对较低，其中前者的分散度更高。产品集中度最高的为杭州银行，在产品总数最少的前提下全部集中于电脑产品，其次为工商银行、浦发银行与北京银行，均有 90%以上的产品集中于电脑。产品集中度较低的银行为光大银行、交通银行与民生银行，其中民生银行在所有子类别的产品线中均有分布。

3. 家用电器

如表 5-29 所示，相对于手机数码与电脑办公类产品来说，家用电器的产品类别集中倾向并不明显，各银行间存在一定程度上的差异。工商银行的产品集中于大家电，交通银行、民生银行、兴业银行、华夏银行、北京银行以及杭州银行集中于厨房电器，其他银行的产品分布较为分散，相对集中于大家电、生活电器与厨房电器中，健康电器、五金电器以及汽车用品占比较小。从产品总数来看，工商银行失去了一贯的优势，交通银行成为唯一产品总数过千的银行，且在全部子类别产品中均有分布，其次为深发银行与民生银行。广发银行、北京银行与杭州银行的产品总数较少，在 100 种以下。

表 5-29 各银行信用卡商城家用电器类产品数量对比

银行名称	大家电	占比（%）	生活电器	占比（%）	厨房电器	占比（%）	个人护理	占比（%）	健康电器	占比（%）	五金电器	占比（%）	汽车用品	占比（%）	合计
工商银行	179	69.9	6	2.3	35	13.7	4	1.6	32	12.5	0	0.0	0	0.0	256
农业银行	14	11.5	27	22.1	40	32.8	7	5.7	32	26.2	0	0.0	2	1.6	122
建设银行	127	22.8	127	22.8	162	29.1	71	12.7	70	12.6	0	0.0	0	0.0	557
中国银行	232	48.0	77	15.9	122	25.3	24	5.0	25	5.2	0	0.0	3	0.6	483
交通银行	116	11.1	233	22.3	438	41.8	95	9.1	124	11.8	1	0.1	40	3.8	1047
招商银行	142	45.7	81	26.0	67	21.5	10	3.2	11	3.5	0	0.0	0	0.0	311
中信银行	26	7.3	116	32.7	92	25.9	14	3.9	93	26.2	0	0.0	14	3.9	355

（续）

银行名称	大家电	占比（%）	生活电器	占比（%）	厨房电器	占比（%）	个人护理	占比（%）	健康电器	占比（%）	五金电器	占比（%）	汽车用品	占比（%）	合计
民生银行	40	5.5	172	23.7	340	46.9	72	9.9	81	11.2	20	2.8	0	0.0	725
兴业银行	10	2.5	76	19.0	189	47.1	54	13.5	63	15.7	0	0.0	9	2.2	401
平安银行	174	21.9	185	23.3	258	32.5	100	12.6	63	7.9	0	0.0	14	1.8	794
深发银行	21	5.8	59	16.3	145	39.9	76	20.9	45	12.4	0	0.0	17	4.7	363
光大银行	89	33.7	60	22.7	73	27.7	3	1.1	39	14.8	0	0.0	0	0.0	264
浦发银行	25	10.2	38	15.5	73	29.8	30	12.2	59	24.1	0	0.0	20	8.2	245
华夏银行	18	2.7	130	19.8	295	44.8	110	16.7	89	13.5	0	0.0	16	2.4	658
广发银行	43	44.8	13	13.5	24	25.0	2	2.1	11	11.5	0	0.0	3	3.1	96
北京银行	0	0.0	5	9.8	25	49.0	11	21.6	9	17.6	0	0.0	1	2.0	51
杭州银行	0	0.0	4	23.5	7	41.2	2	11.8	4	23.5	0	0.0	0	0.0	17
宁波银行	36	13.5	38	14.2	72	27.0	22	8.2	54	20.2	0	0.0	45	16.9	267

注：1. 数据来源自第一象限，银行业监测研究。

2. 占比指该子类产品数量占该大类产品的百分比，一定程度上反映了银行在该类产品上的丰富度分布。

4. 钟表首饰

如表 5-30 所示，从产品总数来看，民生银行与华夏银行的产品总数在 3000 种以上，其次为招商银行、深发银行、平安银行、中信银行以及工商银行，产品总数均在 1000 种以上。从产品的集中度来看，除兴业银行、光大银行、广发银行、杭州银行以及宁波银行以外，其他 13 家银行均更集中于珠宝首饰类产品。其中中国银行的产品全部集中于珠宝首饰类，而杭州银行的产品全部集中于钟表类，但后者的产品总数低于前者较多。

表 5-30 各银行信用卡商城钟表首饰产品数量对比

银行名称	钟表	占比（%）	珠宝首饰	占比（%）	合计
工商银行	426	29.7	1009	70.3	1435
农业银行	143	47.2	160	52.8	303
建设银行	324	48.4	345	51.6	669
中国银行	0	0.0	420	100	420
交通银行	805	42.8	1076	57.2	1881

（续）

银行名称	钟表	占比（%）	珠宝首饰	占比（%）	合计
招商银行	1037	35.8	1861	64.2	2898
中信银行	687	46.6	787	53.4	1474
民生银行	1252	40.4	1846	59.6	3098
兴业银行	257	55.6	205	44.4	462
平安银行	291	19.9	1173	80.1	1464
深发银行	515	30.9	1151	69.1	1666
光大银行	395	57.2	296	42.8	691
浦发银行	102	46.8	116	53.2	218
华夏银行	1296	41.9	1798	58.1	3094
广发银行	56	53.3	49	46.7	105
北京银行	76	12.0	558	88.0	634
杭州银行	15	100	0	0.0	15
宁波银行	309	84.4	57	15.6	366

注：1. 数据来源自第一象限，银行业监测研究。

2. 占比指该子类产品数量占该大类产品的百分比，一定程度上反映了银行在该类产品上的丰富度分布。

5. 礼品箱包

如表 5-31 所示，从产品总数来看，工商银行、交通银行以及招商银行的产品总数均在 1000 种以上，其中工商银行为最多。农业银行、中国银行、广发银行、杭州银行以及宁波银行的产品总数在 100 种以下。

表 5-31　各银行信用卡商城礼品箱包产品数量对比

银行名称	奢侈名品	占比（%）	礼品收藏	占比（%）	箱包皮具	占比（%）	合计
工商银行	51	3.1	1571	96.8	1	0.1	1623
农业银行	13	31.0	0	0.0	29	69.0	42
建设银行	36	13.5	10	3.8	220	82.7	266
中国银行	0	0.0	26	68.4	12	31.6	38
交通银行	243	23.0	260	24.6	552	52.3	1055
招商银行	451	43.7	349	33.8	233	22.6	1033
中信银行	74	23.2	82	25.7	163	51.1	319
民生银行	234	34.7	261	38.7	179	26.6	674
兴业银行	14	5.4	81	31.0	166	63.6	261

（续）

银行名称	奢侈名品	占比（%）	礼品收藏	占比（%）	箱包皮具	占比（%）	合计
平安银行	133	17.7	79	10.5	540	71.8	752
深发银行	36	9.9	178	48.9	150	41.2	364
光大银行	116	52.5	19	8.6	86	38.9	221
浦发银行	29	14.9	86	44.1	80	41.0	195
华夏银行	155	33.7	224	48.7	81	17.6	460
广发银行	0	0.0	18	40.0	27	60.0	45
北京银行	31	25.0	5	4.0	88	71.0	124
杭州银行	0	0.0	22	64.7	12	35.3	34
宁波银行	2	2.9	44	64.7	22	32.4	68

注：1. 数据来源自第一象限，银行业监测研究。

2. 占比指该子类产品数量占该大类产品的百分比，一定程度上反映了银行在该类产品上的丰富度分布。

从产品的集中程度来看，大部分银行的产品集中于礼品收藏与箱包皮具，价格高昂的奢侈名品较少。在产品总数 1000 种以上的 3 家银行中，工商银行的产品集中度最高，有 96.8%的产品为礼品收藏，它同时也成为所有 18 家银行中该类产品集中度最高的银行。交通银行与招商银行的产品分布较为分散且各有侧重，前者更侧重箱包皮具，后者的发展较有特点，侧重奢侈名品。此外，光大银行同招商银行相同，将产品重点放在少有银行问津的奢侈名品上，发展较为独特。

6. 个护化妆

如表 5-32 所示，从产品总数来看，平安银行成为唯一个护化妆类产品总数超过 1000 种的银行，其次为招商银行、建设银行以及交通银行，产品总数在 600～700 种之间。农业银行、浦发银行、广发银行、杭州银行以及宁波银行的产品总数在 100 种以下，中国银行则未涵盖该类别产品。

从各银行间的产品集中程度对比来看，大部分银行集中在护肤品与香水香氛中，这一趋势与普通商城类似。其中集中度最高的为平安银行，90.9%的产品集中于护肤品。

表 5-32　各银行信用卡商城个护化妆产品数量对比

银行名称	护肤品	占比（%）	香水香氛	占比（%）	彩妆品	占比（%）	口腔护理	占比（%）	特殊护理	占比（%）	其他	占比（%）	合计
工商银行	106	83.5	7	5.5	14	11.0	0	0.0	0	0.0	0	0.0	127
农业银行	30	62.5	18	37.5	0	0.0	0	0.0	0	0.0	0	0.0	48
建设银行	583	86.5	52	7.7	39	5.8	0	0.0	0	0.0	0	0.0	674
中国银行	0		0		0		0		0		0		0
交通银行	444	71.8	166	26.9	6	1.0	2	0.3	0	0.0	0	0.0	618
招商银行	421	60.8	101	14.6	115	16.6	0	0.0	18	2.6	37	5.3	692
中信银行	162	77.1	32	15.2	16	7.6	0	0.0	0	0.0	0	0.0	210
民生银行	481	88.6	46	8.5	4	0.7	3	0.6	0	0.0	9	1.7	543
兴业银行	372	82.5	63	14.0	9	2.0	0	0.0	7	1.6	0	0.0	451
平安银行	1015	90.9	101	9.0	0	0.0	0	0.0	1	0.1	0	0.0	1117
深发银行	117	60.3	77	39.7	0	0.0	0	0.0	0	0.0	0	0.0	194
光大银行	111	67.3	29	17.6	25	15.2	0	0.0	0	0.0	0	0.0	165
浦发银行	28	77.8	7	19.4	1	2.8	0	0.0	0	0.0	0	0.0	36
华夏银行	113	34.8	188	57.8	3	0.9	0	0.0	0	0.0	21	6.5	325
广发银行	5	35.7	5	35.7	0	0.0	0	0.0	0	0.0	4	28.6	14
北京银行	164	63.6	67	26.0	23	8.9	0	0.0	0	0.0	4	1.6	258
杭州银行	4	80.0	1	20.0	0	0.0	0	0.0	0	0.0	0	0.0	5
宁波银行	45	72.6	17	27.4	0	0.0	0	0.0	0	0.0	0	0.0	62

注：1．数据来源自第一象限，银行业监测研究。

2．占比指该子类产品数量占该大类产品的百分比，一定程度上反映了银行在该类产品上的丰富度分布。

7．家居百货

如表 5-33 所示，厨房用具和生活用品是大多数银行在家居百货产品中选择的类别，但对于两者的侧重各家银行则有不同。从大类的产品总数来看，交通银行成为唯一产品数过 1000 种的银行，其次为平安银行与民生银行，产品总数在 500 种以上。工商银行、农业银行、广发银行、杭州银行以及宁波银行的产品总数均在 100 种以下。

从各银行产品的集中度来看，集中度最高的为深发银行，有 80.2%的产品集中于生活用品，其次为中信银行、光大银行与广发银行，均有超过 70%的该类产品集中于生活用品。工商银行、中国银行与北京银行的产品集中度相对较低，无任何一类子产品占比超过 50%以上，但工商银行的产品总数相对较少。

表 5-33 各银行信用卡商城家居百货产品数量对比

银行名称	厨房用具	占比(%)	餐具	占比(%)	生活用品	占比(%)	家具	占比(%)	灯具	占比(%)	清洁用品	占比(%)	宠物用品	占比(%)	其他	占比(%)	合计
工商银行	18	30.0	10	16.7	23	38.3	0	0.0	9	15.0	0	0.0	0	0.0	0	0.0	60
农业银行	31	41.3	0	0.0	44	58.7	0	0.0	0	0.0	0	0.0	0	0.0	0	0.0	75
建设银行	72	57.6	0	0.0	52	41.6	0	0.0	0	0.0	0	0.0	1	0.8	0	0.0	125
中国银行	74	42.0	3	1.7	85	48.3	1	0.6	0	0.0	13	7.4	0	0.0	0	0.0	176
交通银行	486	33.0	31	2.1	945	64.2	0	0.0	5	0.3	4	0.3	0	0.0	0	0.0	1471
招商银行	42	17.9	24	10.3	158	67.5	10	4.3	0	0.0	0	0.0	0	0.0	0	0.0	234
中信银行	44	18.2	22	9.1	173	71.5	0	0.0	3	1.2	0	0.0	0	0.0	0	0.0	242
民生银行	155	26.2	56	9.5	339	57.3	0	0.0	17	2.9	4	0.7	3	0.5	18	3.0	592
兴业银行	105	38.5	16	5.9	147	53.8	1	0.4	2	0.7	0	0.0	0	0.0	2	0.7	273
平安银行	161	24.3	34	5.1	448	67.6	10	1.5	0	0.0	3	0.5	2	0.3	5	0.8	663
深发银行	19	16.4	1	0.9	93	80.2	0	0.0	0	0.0	3	2.6	0	0.0	0	0.0	116
光大银行	31	18.2	12	7.1	124	72.9	3	1.8	0	0.0	0	0.0	0	0.0	0	0.0	170
浦发银行	39	29.8	8	6.1	69	52.7	9	6.9	4	3.1	2	1.5	0	0.0	0	0.0	131
华夏银行	38	28.6	8	6.0	80	60.2	2	1.5	4	3.0	0	0.0	0	0.0	1	0.8	133
广发银行	11	13.6	1	1.2	58	71.6	11	13.6	0	0.0	0	0.0	0	0.0	0	0.0	81
北京银行	60	45.5	7	5.3	65	49.2	0	0.0	0	0.0	0	0.0	0	0.0	0	0.0	132
杭州银行	2	16.7	3	25.0	7	58.3	0	0.0	0	0.0	0	0.0	0	0.0	0	0.0	12
宁波银行	6	17.6	2	5.9	20	58.8	6	17.6	0	0.0	0	0.0	0	0.0	0	0.0	34

注：1. 数据来源自第一象限，银行业监测研究。

2. 占比指该子类产品数量占该大类产品的百分比，一定程度上反映了银行在该类产品上的丰富度分布。

8. 服装鞋帽

如表 5-34 所示，相对于其他种类来说，各银行信用卡商城在服装鞋帽类别上的市场空白较为明显，18 家银行中有 10 家银行的信用卡商城未推出服装鞋帽类产品。在拥有该类产品的 8 家银行中，交通银行与招商银行的产品种类较多，均在 100 种以上，其中交通银行的优势更为明显。两家银行的产品线分布也较为广泛，均具有 6 种以上子类产品，其中交通银行的产品种类为 7 种，更占优势。民生银行、光大银行、浦发银行与华夏银行的产品总数相对较少且产品较为集中，均有超过 70%以上的产品数量集中于一类产品中，浦发银行更是全部集中于鞋靴产品。

表 5-34 各银行信用卡商城服装鞋帽产品数量对比

银行名称	男装	占比（%）	女装	占比（%）	运动	占比（%）	内衣	占比（%）	配饰	占比（%）	鞋靴	占比（%）	童装	占比（%）	其他	占比（%）	合计
工商银行	0		0		0		0		0		0		0		0		0
农业银行	0		0		0		0		0		0		0		0		0
建设银行	11	32.4	1	2.9	0	0.0	5	14.7	1	2.9	16	47.1	0	0.0	0	0.0	34
中国银行	0		0		0		0		0		0		0		0		0
交通银行	72	22.0	33	10.1	94	28.7	6	1.8	50	15.2	8	2.4	65	19.8	0	0.0	328
招商银行	6	5.2	2	1.7	28	24.3	17	14.8	32	27.8	30	26.1	0	0.0	0	0.0	115
中信银行	0	0.0	0	0.0	15	30.6	0	0.0	11	22.4	23	46.9	0	0.0	0	0.0	49
民生银行	2	2.2	1	1.1	2	2.2	0	0.0	0	0.0	70	78.7	14	15.7	0	0.0	89
兴业银行	0		0		0		0		0		0		0		0		0
平安银行	1	1.8	17	30.9	2	3.6	1	1.8	0	0.0	25	45.5	1	1.8	8	14.5	55
深发银行	0		0		0		0		0		0		0		0		0
光大银行	0	0.0	0	0.0	0	0.0	0	0.0	34	97.1	1	2.9	0	0.0	0	0.0	35
浦发银行	0	0.0	0	0.0	0	0.0	0	0.0	0	0.0	7	100	0	0.0	0	0.0	7
华夏银行	0	0.0	0	0.0	0	0.0	0	0.0	43	76.8	13	23.2	0	0.0	0	0.0	56
广发银行	0		0		0		0		0		0		0		0		0
北京银行	0		0		0		0		0		0		0		0		0
杭州银行	0		0		0		0		0		0		0		0		0
宁波银行	0		0		0		0		0		0		0		0		0

注：1. 数据来源自第一象限，银行业监测研究。

2. 占比指该子类产品数量占该大类产品的百分比，一定程度上反映了银行在该类产品上的丰富度分布。

9. 运动健康

如表 5-35 所示，同服装鞋帽的情况类似，农业银行与宁波银行的信用卡商城没有运动健康类产品。在拥有该大类产品的其余 15 家银行中，招商银行的优势较为明显，其次为平安银行与民生银行，三家银行的产品总数均在 100 种以上。因此从总体上看，各银行覆盖的运动健康类产品总数整体较少。

表 5-35　各银行信用卡商城运动健康产品数量对比

银行名称	户外鞋服	占比（%）	户外装备	占比（%）	运动器械	占比（%）	纤体瑜伽	占比（%）	体育娱乐	占比（%）	保健器械	占比（%）	急救卫生	占比（%）	其他	占比（%）	合计
工商银行	0	0.0	0	0.0	15	100	0	0.0	0	0.0	0	0.0	0	0.0	0	0.0	15
农业银行	0		0		0		0		0		0		0		0		0
建设银行	5	27.8	4	22.2	0	0.0	9	50.0	0	0.0	0	0.0	0	0.0	0	0.0	18
中国银行	0	0.0	0	0.0	5	41.7	0	0.0	0	0.0	5	41.7	0	0.0	2	16.7	12
交通银行	0	0.0	21	28.4	51	68.9	1	1.4	0	0.0	0	0.0	1	1.4	0	0.0	74
招商银行	36	13.1	11	4.0	48	17.5	8	2.9	137	49.8	35	12.7	0	0.0	0	0.0	275
中信银行[1]			41	64.1					8	12.5			0	0.0	15	23.4	64
民生银行	0	0.0	0	0.0	0	0.0	0	0.0	0	0.0	129	100	0	0.0	0	0.0	129
兴业银行	4	13.3	8	26.7	1	3.3	0	0.0	17	56.7	0	0.0	0	0.0	0	0.0	30
平安银行	1	0.8	23	17.6	89	67.9	0	0.0	8	6.1	0	0.0	9	6.9	1	0.8	131
深发银行	0	0.0	11	23.9	34	73.9	0	0.0	0	0.0	1	2.2	0	0.0	0	0.0	46
光大银行	0	0.0	23	52.3	2	4.5	0	0.0	19	43.2	0	0.0	0	0.0	0	0.0	44
浦发银行	0	0.0	0	0.0	17	94.4	0	0.0	0	0.0	1	5.6	0	0.0	0	0.0	18
华夏银行	12	16.4	27	37.0	25	34.2	2	2.7	2	2.7	4	5.5	1	1.4	0	0.0	73
广发银行	0	0.0	2	20.0	0	0.0	0	0.0	0	0.0	7	70.0	0	0.0	1	10.0	10
北京银行	0	0.0	70	81.4	0	0.0	1	1.2	0	0.0	1	1.2	1	1.2	13	15.1	86
杭州银行	0	0.0	0	0.0	2	100	0	0.0	0	0.0	0	0.0	0	0.0	0	0.0	2
宁波银行	0		0		0		0	0.0	0		0		0	0.0	0	0.0	0

注：1. 数据来源自第一象限，银行业监测研究。

2. 占比指该子类产品数量占该大类产品的百分比，一定程度上反映了银行在该类产品上的丰富度分布。

从产品的集中程度来看，大部分银行将侧重点放在户外装备与运动器械上，其中工商银行的全部该类产品均为运动器械。值得注意的是，民生银行在拥有 100 种以上产品总数的基础上全部集中于保健器械类产品中，体现出较为独特的发展。产品分布较为分散的为同样产品总数较多的招商银行与平安银行，两家银行均分布有 6 类产品。

10. 食品饮料

如表 5-36 所示，食品饮料是各银行信用卡商城比普通商城更为细化的

[1] 由于在本次监测数据搜集期间（2011 年 12 月 5 日～2012 年 1 月 1 日）中信银行该子类别页面无法访问，因此将无法归类产品统统算入“其他”类中。

一个大类，但从数据监测显示，各银行对于该类产品的发展差异较大，其中工商银行、农业银行、建设银行、中国银行、民生银行以及杭州银行等 6 家银行未涵盖此类产品。在涵盖此类产品的银行中，交通银行与平安银行的发展最为完善，拥有产品总数均在 500 种以上，且两者的产品大多集中于酒饮冲调类，其中前者的集中度更高，而酒饮冲调也成为银行信用卡商城发展食品饮料产品的主流。值得注意的是，一些银行在该类产品中体现出独特的发展特色，如兴业银行 71.8%的食品饮料类产品为进口食品，宁波银行的 81.2%的食品饮料类产品集中在地方特产上，体现出地方银行的优势。

表 5-36 各银行信用卡商城食品饮料产品数量对比

银行名称	进口食品	占比（%）	地方特产	占比（%）	休闲食品	占比（%）	粮油调味	占比（%）	酒饮冲调	占比（%）	保健食品	占比（%）	其他	占比（%）	合计
工商银行	0		0		0		0		0		0		0		0
农业银行	0		0		0		0		0		0		0		0
建设银行	0		0		0		0		0		0		0		0
中国银行	0		0		0		0		0		0		0		0
交通银行	5	0.8	23	3.9	0	0.0	8	1.4	534	90.4	21	3.6	0	0.0	591
招商银行	0	0.0	0	0.0	15	16.9	8	9.0	12	13.5	54	60.7	0	0.0	89
中信银行㊀									92	81.4	8	7.1	13	11.5	113
民生银行	0		0		0		0		0		0		0		0
兴业银行	148	71.8	12	5.8	6	2.9	0	0.0	40	19.4	0	0.0	0	0.0	206
平安银行	42	7.6	0	0.0	0	0.0	0	0.0	480	87.3	19	3.5	9	1.6	550
深发银行	0	0.0	16	55.2	0	0.0	1	3.4	12	41.4	0	0.0	0	0.0	29
光大银行	0	0.0	3	2.6	0	0.0	0	0.0	114	97.4	0	0.0	0	0.0	117
浦发银行	0	0.0	0	0.0	0	0.0	5	38.5	0	0.0	8	61.5	0	0.0	13
华夏银行	0	0.0	0	0.0	0	0.0	0	0.0	11	100	0	0.0	0	0.0	11
广发银行	0	0.0	0	0.0	0	0.0	0	0.0	28	100	0	0.0	0	0.0	28
北京银行	0	0.0	0	0.0	0	0.0	0	0.0	50	100	0	0.0	0	0.0	50
杭州银行	0		0		0		0		0		0		0		0
宁波银行	0	0.0	121	81.2	0	0.0	0	0.0	11	7.4	17	11.4	0	0.0	149

注：1. 数据来源自第一象限，银行业监测研究。

2. 占比指该子类产品数量占该大类产品的百分比，一定程度上反映了银行在该类产品上的丰富度分布。

㊀ 由于在本次监测数据搜集期间（2011 年 12 月 5 日～2012 年 1 月 1 日）中信银行该子类别页面无法访问，因此将无法归类产品统统算入“其他”类中。

11. 其他

如表 5-37 所示，其他类产品可以反映出各银行信用卡商城发展的一些独特方面，如交通银行拥有较多的母婴用品，民生银行在玩具及图书音像产品上有所侧重，华夏银行则在母婴用品与玩具类产品中表现出了一定程度上的关注。

表 5-37 各银行信用卡商城其他类产品数量对比

银行名称	母婴用品	玩具	乐器	图书音像
工商银行				
农业银行				
建设银行		3		1
中国银行	13	5	12	1
交通银行	206	56		
招商银行	34	50		14
中信银行	0	25	0	43
民生银行	35	118		105
兴业银行	3	22		
平安银行	16	45		1
深发银行				
光大银行				1
浦发银行	13	3		
华夏银行	56	49		
广发银行				
北京银行		19		
杭州银行				
宁波银行				

注：1. 数据来源自第一象限，银行业监测研究。

2. 占比指该子类产品数量占该大类产品的百分比，一定程度上反映了银行在该类产品上的丰富度分布。

12. 产品丰富度

如表 5-38 所示，将各银行的所有大类产品再一次进行丰富度的比较，可以看出各家银行信用卡商城总体的产品分布情况。从产品总数看，工商银行并未如普通商城一般保有优势，交通银行的产品总数最多，为

9403 种，其次为民生银行、平安银行与招商银行，产品总数集中在 7000～8000 种之间。广发银行与杭州银行的产品总数相对较少，均在 1000 种以下。

表 5-38　各银行信用卡商城产品丰富度对比

银行名称	手机数码	占比(%)	电脑办公	占比(%)	家用电器	占比(%)	钟表首饰	占比(%)	礼品箱包	占比(%)	个护化妆	占比(%)	家居百货	占比(%)	服装鞋帽	占比(%)	运动健康	占比(%)	食品饮料	占比(%)	合计
工商银行	1432	22.6	1388	21.9	256	4.0	1435	22.6	1623	25.6	127	2.0	60	0.9	0	0.0	15	0.2	0	0.0	6336
农业银行	190	18.9	227	22.5	122	12.1	303	30.1	42	4.2	48	4.8	75	7.4	0	0.0	0	0.0	0	0.0	1007
建设银行	724	18.2	914	23.0	557	14.0	669	16.8	266	6.7	674	16.9	125	3.1	34	0.9	18	0.5	0	0.0	3981
中国银行	683	28.2	612	25.2	483	19.9	420	17.3	38	1.6	0	0.0	176	7.3	0	0.0	12	0.5	0	0.0	2424
交通银行	1441	15.3	897	9.5	1047	11.1	1881	20.0	1055	11.2	618	6.6	1471	15.6	328	3.5	74	0.8	591	6.3	9403
招商银行	999	14.0	510	7.1	311	4.3	2898	40.5	1033	14.4	692	9.7	234	3.3	115	1.6	275	3.8	89	1.2	7156
中信银行[⊖]	887	19.8	769	17.2	355	7.9	1474	32.9	319	7.1	210	4.7	242	5.4	49	1.1	64	1.4	113	2.5	4482
民生银行	1290	16.3	760	9.6	725	9.2	3098	39.2	674	8.5	543	6.9	592	7.5	89	1.1	129	1.6	0	0.0	7900
兴业银行	951	27.4	430	12.4	401	11.6	462	13.3	261	7.5	451	13.0	273	7.9	0	0.0	30	0.9	206	5.9	3465
平安银行	946	12.9	844	11.5	794	10.9	1464	20.0	752	10.3	1117	15.3	663	9.1	55	0.8	131	1.8	550	7.5	7316
深发银行	471	14.1	91	2.7	363	10.9	1666	49.9	364	10.9	194	5.8	116	3.5	0	0.0	46	1.4	29	0.9	3340
光大银行	1100	35.1	324	10.3	264	8.4	691	22.1	221	7.1	165	5.3	170	5.4	35	1.1	44	1.4	117	3.7	3131
浦发银行	308	23.7	126	9.7	245	18.9	218	16.8	195	15.0	36	2.8	131	10.1	7	0.5	18	1.4	13	1.0	1297
华夏银行	836	14.0	314	5.3	658	11.0	3094	51.9	460	7.7	325	5.5	133	2.2	56	0.9	73	1.2	11	0.2	5960
广发银行	162	26.8	64	10.6	96	15.9	105	17.4	45	7.4	14	2.3	81	13.4	0	0.0	10	1.7	28	4.6	605
北京银行	354	19.0	179	9.6	51	2.7	634	33.9	124	6.6	258	13.8	132	7.1	0	0.0	86	4.6	50	2.7	1868
杭州银行	33	22.8	27	18.6	17	11.7	15	10.3	34	23.4	5	3.4	12	8.3	0	0.0	2	1.4	0	0.0	145
宁波银行	310	24.5	156	12.4	267	21.1	366	29.0	68	5.4	62	4.9	34	2.7	0	0.0	0	0.0	0	0.0	1263

注：1. 数据来源自第一象限，银行业监测研究。

2. 占比指该大类产品数量占该银行产品总数的百分比，一定程度上反映了银行在普通商城产品上的丰富度分布。

[⊖] 由于在本次监测数据搜集期间（2011 年 12 月 5 日～2012 年 1 月 1 日）中信银行信用卡商城运动健康及食品饮料分页面数据无法访问，因此仅以页面显示总数计为该类别总数。

其次从各银行的产品分布来看，钟表首饰、手机数码以及电脑办公是各银行信用卡商城最常拥有的 3 种产品类别。交通银行在产品总数最多，产品线分布也较为广泛，没有任意一种大类产品超过商城产品总数的 20%，且具有本次监测的全部 10 类产品。产品总数在 2～4 的 3 家银行产品分布也较为广泛，除民生银行外，其他两家银行也同时拥有 10 类产品。值得注意的是，3 家银行的产品均相对集中于钟表首饰类，其中招商银行的集中程度最高，为 40.5%。华夏银行的产品集中度最高，有 51.9% 的产品集中于钟表首饰。

5.3.2 产品服务

与普通商城相比，信用卡商城提供了更多的订购支付方式，但信用卡商城服务体系仍有待进一步完善。从客户服务来看，电话客服与在线客服的结合以及在线客服的普及势在必行，以期更加及时、全面地解决客户问题；从用户评价体系来看，需建立有效的用户评价与评论体系，提高用户的活跃度和参与度，同时帮助银行及时了解用户在消费过程及消费后使用中出现的各种问题；从售后及物流配送来看，目前银行信用卡商城扮演着中介角色，在消费过程中发生的大部分问题需消费者与商户协商解决，这在某种程度上增加了消费者的不安全感，制约了信用卡商城消费。与此同时也应当看到，目前各大信用卡商城都注重通过各种活动专区、促销等方式推广信用卡商城产品，并致力于完善产品服务。

1. 订购支付方式

如表 5-39 所示，同普通商城一样，各银行信用卡商城最常支持的订购与支付方式仍为在线与电话两种形式，但并非所有银行均支持在线订购与支付，其中农业银行与杭州银行仅支持电话订购与支付，工商银行、交通银行、招商银行、深发银行与光大银行仅支持在线订购与支付，建设银行、中信银行、浦发银行、华夏银行与广发银行则同时支持在线与电话订购支付两种形式。

能否选择分期付款的期数反映了一家银行客户还款的自由选择度，在本次监测的18家银行中，除农业银行、建设银行、交通银行与深发银行外，其余14家银行的客户均可自由选择还款期数。

表5-39 各银行信用卡商城订购支付方式对比

银行名称	在线订购	电话订购	在线支付	电话支付	是否可选分期数
工商银行	●		●		●
农业银行		●		●	
建设银行	●	●	●	●	
中国银行	●	●	●		●
交通银行	●		●		
招商银行	●		●		●
中信银行	●	●	●	●	●
民生银行	●	●	●		●
兴业银行	●	●	●		●
平安银行	●	●	●		●
深发银行	●		●	●	
光大银行	●		●		●
浦发银行	●	●	●	●	●
华夏银行	●	●	●	●	●
广发银行	●	●	●	●	●
北京银行	●	●	●		●
杭州银行		●		●	●
宁波银行	●	●	●		●

注：1. 数据来源自第一象限，银行业监测研究。

2. ●表示有该项服务。

2. 客户服务

如表5-40所示，同普通商城一样，所有18家银行的信用卡商城均具有电话客服，其次为网页留言，有7家银行具备。相对于网页留言，在线客服更能及时解决客户的问题，中信银行、平安银行、浦发银行、华夏银行以及宁波银行具备在线客服功能，其中中信银行与宁波银行同时具备网页留言功能。在本次监测中，中信银行的信用卡商城客服类型最为丰富，同时具备 4 种客服功能。

表 5-40　各银行信用卡商城客服类型对比

银行名称	在线客服	电话客服	网页留言	短信
工商银行		●		
农业银行		●		
建设银行		●	●	
中国银行		●		
交通银行		●	●	
招商银行		●	●	
中信银行	●	●	●	●
民生银行		●	●	
兴业银行		●		
平安银行	●	●		
深发银行		●		
光大银行		●	●	
浦发银行	●	●		
华夏银行	●	●		
广发银行		●		
北京银行		●		
杭州银行		●		
宁波银行	●	●	●	

注：1. 数据来源自第一象限，银行业监测研究。

2. ●表示有该项服务。

如表 5-41 所示，大部分银行的信用卡商城未提供产品评价体系，很难为浏览及购买的客户提供反馈的渠道，在本次监测的 18 家银行中，仅有 5 家银行具有产品评价体系，其中招商银行的表现最好，同时具有评分及评论体系，平安银行仅提供评分体系，民生银行、光大银行与华夏银行仅提供评论体系。

在售后服务中，大部分银行同普通商城一般采取了合作商户负责的方式，仅有农业银行、深发银行与北京银行为商城负责，而在物流配送中这一点体现得更为明显，除光大银行外，其余 17 家银行的物流配送均由商户提供，但针对物流采取免费态度的银行较多，共有 6 家，4 家银行为收费，其余 8 家银行则未达成统一的标准。

退换货和投诉处理体现了产品售出后商城的态度。18 家银行的信用卡商城均提供了退换货服务，其中 12 家银行由商户负责，建设银行、民生银行、兴业银行、华夏银行、北京银行以及宁波银行则由商城负责。而在投诉处理中，仅有 13 家银行具备该项服务，其中中信银行、民生银行、华夏银行与北京银行为商城负责，其余 9 家银行为商户负责。

因此综上所述，招商银行在产品评价体系方面发展最为完善，而北京银行则在其他客服领域发展最为完善，大多采取了商城负责的措施，确保了与客户的沟通。

表 5-41 各银行信用卡商城客服体系对比

银行名称	产品评价		售后服务		物流配送		物流收费		退换货		投诉处理	
	评分体系	评论体系	商城负责	商户负责	商城负责	商户负责	收费	免费	商城负责	商户负责	商城负责	商户负责
工商银行				●		●		●		●		●
农业银行			●			●				●		
建设银行				●		●	●		●			
中国银行				●		●	●			●		●
交通银行				●		●		●		●		●
招商银行	●	●		●		●				●		●
中信银行				●		●				●	●	
民生银行		●		●		●		●	●		●	
兴业银行				●		●		●	●			●
平安银行	●			●		●				●		
深发银行			●			●				●		
光大银行		●		●	●			●		●		
浦发银行				●		●				●		●
华夏银行		●		●		●			●		●	
广发银行				●		●				●		●
北京银行			●			●	●		●		●	
杭州银行				●		●		●		●		●
宁波银行				●		●	●		●			●

注：1. 数据来源自第一象限，银行业监测研究。

2. ●表示有该项服务。

3. 商城营销

（1）客户激励

如表 5-42 所示，由于信用卡商城为信用卡专享商城，因此 18 家银行中除工商银行外均提供了积分激励，工商银行采取了赠送礼品的方式激励客户，采取相同措施的还有其余 9 家银行。其中中国银行、交通银行、中信银行、华夏银行、北京银行以及宁波银行在采取了积分奖励以及赠送礼品的前提下同时采取了代金券方式，成为客户激励方式最多的 6 家银行。

表 5-42　各银行信用卡商城客户激励方式对比

银行名称	积分	代金券	赠送礼品
工商银行			●
农业银行	●		
建设银行	●		●
中国银行	●	●	●
交通银行	●	●	●
招商银行	●		
中信银行	●	●	●
民生银行	●		
兴业银行	●		●
平安银行	●		
深发银行	●		
光大银行	●		●
浦发银行	●		
华夏银行	●	●	●
广发银行	●		
北京银行	●	●	●
杭州银行	●		
宁波银行	●	●	●

注：1. 数据来源自第一象限，银行业监测研究。

2. ●表示有该项服务。

由于 18 家银行中有 17 家银行具有积分激励措施，因此对这 17 家银行的积分奖励政策作出进一步的监测说明，得到结果如表 5-43 所示。

表 5-43 各银行信用卡商城积分政策对比

银行名称	积分兑换商品	积分抵现	抽奖	其他
农业银行	●			
建设银行	●			
中国银行	●			
交通银行	●	●		
招商银行	●	●		
中信银行	●	●		
民生银行	●	●		●
兴业银行	●	●		●
平安银行		●		
深发银行				
光大银行	●			
浦发银行	●	●		
华夏银行	●			
广发银行	●	●		
北京银行	●			
杭州银行				
宁波银行	●		●	

注：1. 数据来源自第一象限，银行业监测研究。

2. ●表示有该项服务。

积分兑换商品是大多数银行采用的积分奖励政策，17 家银行中有 14 家银行采用此项措施，与此同时，交通银行、招商银行、中信银行、民生银行、兴业银行、浦发银行以及广发银行等 7 家银行还在积分兑换商品的基础上采用了更为灵活的积分抵现措施，为客户提供了更为多元化的选择，而宁波银行则采取了抽奖的措施，发展较为独特。

（2）宣传措施

如表 5-44 所示，相对于普通商城来说，各银行对信用卡商城的宣传措施更加到位与多元化，18 家银行中有 6 家银行同时具备 4 种宣传措施，3 家银行具备除自身宣传以外的 3 种宣传措施，仅有中国银行、北京银行与杭州银行 3 家银行仅具备一项宣传措施。

大部分银行选择了活动专区与品牌专区作为宣传措施，一方面可以借助于节假日的主题进行促销，另一方面可以借助于品牌的影响力扩大销售量。在品牌专区中，建设银行与深发银行的品牌数量较多，均超过了 20 家，其次为兴业银行与光大银行，品牌数相对较少的为中国银行与宁波银行。

表 5-44　各银行信用卡商城宣传措施对比

银行名称	活动专区	主题专区	品牌专区		自身宣传
			是否	数量	
工商银行	●	●	●	12	●
农业银行	●		●	4	
建设银行	●	●	●	21	
中国银行			●	1	
交通银行	●	●	●	3	●
招商银行	●	●	●	6	●
中信银行	●	●	●	7	●
民生银行	●		●	8	
兴业银行	●	●	●	19	●
平安银行	●	●	●	3	
深发银行	●		●	22	
光大银行	●	●	●	18	
浦发银行	●		●	6	●
华夏银行	●	●	●	10	●
广发银行	●		●	5	●
北京银行	●				
杭州银行					●
宁波银行	●	●		1	

注：1. 数据来源自第一象限，银行业监测研究。

2. ●表示有该项服务。

（3）促销方式

如表 5-45 所示，同普通商城类似，各银行的信用卡商城也将促销重点放在了团购与低价抢购上，而拍卖、抽奖及其他方式则较少涉及。在监测的 18 家银行中，具有团购服务的共有 10 家银行，具有低价抢购服务的共有 8 家银行，同时具有两种服务的有工商银行、招商银行、民生银行、平安银行、华夏银行以及北京银行等 6 家银行。交通银行在具有团购服务的基础上同时具有拍卖及抽奖等促销方式，北京银行在具有团购及低价抢购服务的基础上同时具有拍卖服务，这两家银行也成为促销方式最多的银行。

表 5-45 各银行信用卡商城促销方式对比

银行名称	团购					低价抢购					拍卖		抽奖	其他
			支付方式					支付方式						
	是否有该项服务	产品数量	一次性支付	分期支付	积分兑换	是否有该项服务	产品数量	一次性支付	分期支付	积分兑换	是否有该项服务	产品数量		
工商银行	●	28	▲	▲		●	35	▲	▲					
农业银行														
建设银行														
中国银行	●	6		▲										
交通银行	●	6		▲							●	3	●	
招商银行	●	190		▲		●	15		▲					
中信银行														
民生银行	●	18		▲		●	7	▲	▲					
兴业银行														
平安银行	●	79		▲		●	47		▲					
深发银行						●	1			▲				
光大银行														
浦发银行						●	3	▲	▲					●
华夏银行	●	18	▲	▲		●	4	▲	▲					
广发银行	●	16	▲	▲										●
北京银行	●	3	▲			●	6		▲		●	6		
杭州银行														
宁波银行	●	33	▲		▲								●	

注：1. 数据来源自第一象限，银行业监测研究。

2. ●表示有该项服务，▲表示支持该项支付方式。

在 10 家具有团购服务的银行中，招商银行的团购产品数具有明显的优势，但在支付方式上，工商银行、华夏银行以及广发银行更为灵活，同时支持一次性支付与分期支付，而其他银行大部分仅支持分期支付方式。在 8 家具有低价抢购服务的银行中，工商银行与平安银行的产品数量较具优势，但工商银行的支付方式更为灵活，深发银行仅具有一种低价抢购产品，且仅支持积分兑换，低价抢购发展较为欠缺。

5.4 积分商城

积分商城是银行推出的具有用户激励机制的产品商城。积分商城将信用卡积分与 B2C 电子商务结合起来，鼓励银行信用卡用户在积分商城消费其信用卡积分。积分商城存在的目的在于最大化银行及信用卡用户双方利益。对银行来讲，积分商城既丰富了银行电子商城形态，又通过积分优惠政策向信用卡用户提供了消费激励，提高了信用卡用户粘性和忠诚度。对用户来讲，积分商城是其信用卡积分的一个重要出口。

本次关于积分商城的监测涵盖了 4 家国有银行，6 家其他全国性股份制商业银行以及 3 家地方银行共计 13 家银行[㊀]。由于积分商城仅支持该行信用卡积分兑换，相对于商旅充值缴费以及普通/信用卡商城来说商业意义更弱，客户激励意义更大，因此将仅对积分兑换方式以及积分兑换的产品大类丰富度作出进一步的监测说明。

5.4.1 兑换方式

积分兑换方式是信用卡用户较为关心的内容之一。兑换方式的便捷程度、时效性以及安全性体现出各家银行对积分商城的重视程度。

如表 5-46 所示，由于积分商城均以网页的形式呈现，因此 13 家银行均支持网络兑换方式，其次为电话兑换，共有 10 家银行。短信、信函以及传真的形式少有涉及。

㊀ 由于在本次监测数据搜集期间（2011 年 12 月 5 日～2012 年 1 月 1 日）中信银行因数据库访问原因未能加载页面，故未列入本次监测范围内。

从银行的角度来看，农业银行、建设银行、兴业银行以及浦发银行同时支持4种兑换方式，成为本次监测中兑换方式最为多元化的4家银行，其次为招商银行与北京银行，共支持3种兑换方式。

表5-46 各银行积分商城兑换方式

银行名称	网络	短信	电话	信函	传真
农业银行	●	○	●	●	●
建设银行	●	●	●	●	○
中国银行	●	○	●	○	○
交通银行	●	○	○	○	○
招商银行	●	●	●	○	○
民生银行	●	○	○	○	○
兴业银行	●	○	●	●	●
光大银行	●	○	●	○	○
浦发银行	●	○	●	●	●
广发银行	●	○	●	○	○
北京银行	●	○	●	○	●
杭州银行	●	○	●	○	○
南京银行	●	○	○	○	○

注：1. 数据来源自第一象限，银行业监测研究。

2. ●表示有该项服务，○表示无该项服务。

5.4.2 产品丰富度

积分商城的产品丰富度决定着积分商城作为一种用户激励机制的有效性。对信用卡用户来讲，丰富的积分产品为其提供了多样化的消费积分选择。从心理感知层面考虑，信用卡用户能够更加充分地感受到银行的“诚意”，提升其对银行的满意度，这种满意度最终会影响消费者的信用卡消费行为，激励信用卡用户更多地使用信用卡，有计划地经营信用卡积分，能够达到优化个人信用卡消费收益的目的。通过监测发现，目前4家国有银行、6家其他全国性股份制商业银行和3家地方银行推出了积分商城，积分商城覆盖8大产品类别，不同银行产品类别侧重不同。具体结果如表5-47所示。

表 5-47 各银行积分商城产品丰富度对比

银行名称	手机数码	占比(%)	电脑办公	占比(%)	家用电器	占比(%)	钟表首饰	占比(%)	礼品箱包	占比(%)	个护化妆	占比(%)	家居百货	占比(%)	服装鞋帽	占比(%)
农业银行	5	6.9	6	8.3	18	25.0	1	1.4	3	4.2	2	2.8	11	15.3	0	0.0
建设银行	8	9.8	4	4.9	29	35.4	0	0.0	4	4.9	0	0.0	30	36.6	0	0.0
中国银行	24	9.2	12	4.6	46	17.6	8	3.1	16	6.1	3	1.1	89	34.0	0	0.0
交通银行	1518	17.6	895	10.4	1089	12.6	1064	12.3	1112	12.9	605	7.0	1168	13.5	328	3.8
招商银行	5	3.4	8	5.4	29	19.5	0	0.0	9	6.0	3	2.0	44	29.5	1	0.7
民生银行	20	9.7	14	6.8	41	19.8	17	8.2	36	17.4	6	2.9	57	27.5	0	0.0
兴业银行	6	11.1	1	1.9	11	20.4	0	0.0	11	20.4	0	0.0	13	24.1	0	0.0
光大银行	54	6.4	36	4.3	188	22.3	2	0.2	61	7.2	73	8.7	282	33.5	5	0.6
浦发银行	5	2.3	5	2.3	46	21.5	0	0.0	12	5.6	5	2.3	84	39.3	0	0.0
广发银行	17	8.1	12	5.7	29	13.9	6	2.9	13	6.2	4	1.9	85	40.7	1	0.5
北京银行	12	10.8	5	4.5	53	47.7	0	0.0	15	13.5	0	0.0	19	17.1	0	0.0
杭州银行	1	1.1	4	4.2	28	29.5	0	0.0	7	7.4	2	2.1	47	49.5	0	0.0
南京银行	1	1.1	3	3.4	33	37.1	0	0.0	23	25.8	2	2.2	25	28.1	0	0.0
银行名称	母婴用品	占比(%)	玩具	占比(%)	乐器	占比(%)	运动健康	占比(%)	食品饮料	占比(%)	图书音像	占比(%)	虚拟缴费	占比(%)	合计	
农业银行	2	2.8	5	6.9	0	0.0	0	0.0	0	0.0	7	9.7	12	16.7	72	
建设银行	0	0.0	2	2.4	0	0.0	0	0.0	0	0.0	0	0.0	5	6.1	82	
中国银行	3	1.1	16	6.1	0	0.0	28	10.7	0	0.0	0	0.0	17	6.5	262	
交通银行	206	2.4	56	0.6	0	0.0	74	0.9	463	5.4	0	0.0	43	0.5	8621	
招商银行	2	1.3	0	0.0	0	0.0	1	0.7	5	3.4	26	17.4	16	10.7	149	
民生银行	0	0.0	0	0.0	0	0.0	0	0.0	0	0.0	2	1.0	14	6.8	207	
兴业银行	0	0.0	0	0.0	0	0.0	1	1.9	3	5.6	0	0.0	8	14.8	54	
光大银行	22	2.6	35	4.2	0	0.0	46	5.5	6	0.7	3	0.4	29	3.4	842	
浦发银行	0	0.0	11	5.1	1	0.5	35	16.4	1	0.5	3	1.4	6	2.8	214	
广发银行	2	1.0	4	1.9	0	0.0	7	3.3	0	0.0	0	0.0	29	13.9	209	
北京银行	0	0.0	0	0.0	0	0.0	2	1.8	0	0.0	1	0.9	4	3.6	111	
杭州银行	0	0.0	0	0.0	0	0.0	6	6.3	0	0.0	0	0.0	0	0.0	95	
南京银行	0	0.0	0	0.0	0	0.0	0	0.0	2	2.2	0	0.0	0	0.0	89	

注：1. 数据来源自第一象限，银行业监测研究。

2. 占比指该大类产品数量占该银行产品总数的百分比，一定程度上反映了银行在普通商城产品上的丰富度分布。标灰部分为各银行积分商城占比最多产品种类。

从产品的角度来看，家用电器与家具百货是各银行积分商城最常选用的大产品类别，13 家银行中有 9 家银行占比最大的产品类别为家居百货，3 家银行为家用电器。此外，礼品箱包、手机数码与虚拟缴费也占有一定的比例。

从银行的角度来看，交通银行在产品总数上占有绝对的优势，其次为光大银行，农业银行、建设银行、兴业银行、杭州银行与南京银行的产品总数较少，均在100种以下。从各银行的产品分布来看，分布最广的为光大银行，在15种产品中分布有14种，其次为交通银行的13种。从各银行产品的集中度来看，北京银行与杭州银行较高，均有超过45%的产品集中在一个类别中。因此从总体来看，交通银行的积分商城发展较为完善，在产品总数最多的前提下涵盖了15个类别中13类产品，且产品分布较为分散，没有任意一种商品的集中度超过20%。

第 6 章　各银行的社会化媒体推广——以新浪微博为例

社会化媒体的普及使企业越来越重视这一平台的运用。社会化媒体不仅是一个信息推广平台，也是企业倾听用户声音，与用户进行互动的平台，更是公关与营销平台。随着微博影响力与日倍增与实名认证制度的推行，使其成为众多企业开设官方账号的首选平台。本部分主要监测 26 家银行的社会化媒体使用情况，并以新浪微博为主，分析各家银行设立的官方账号类别以及使用情况。

6.1 各银行社会化媒体总体布局情况

微博，尤其是新浪微博成为银行开设官方社会化媒体的首选。如表 6-1 所示，在国内银行中，除汉口银行和南京银行外，其余 24 家银行全都开设了实名认证的新浪官方微博；境内外资银行中仅有渣打银行开设了新浪官方微博。腾讯微博的使用率相对较低，为 12 家银行采用，且开设的官方账号类别、发布的内容与新浪微博较为类似。此外，26 家银行中 19 家银行有豆瓣小组。

人人网、开心网、QQ 空间的使用较少。仅有招商银行、中信银行、深圳发展银行和光大银行开设了人人网的官方页面；招商银行、华夏银行和邮政储蓄银行开设了开心网的官方页面；招商银行、中信银行和兴业银行开设了官方的 QQ 空间。

从银行的角度来看，首先招商银行对社会化媒体的布局最为全面，涵盖了本次监测中的所有社会化媒体，中信银行次之，仅未开通官方的开心网页面。其次从各家银行对各类社会化媒体的使用侧重来看，招商银行、中信银行和深发银行的人人网官方页面主要用于信用卡的推广。由于人人网的用户大多数为学生，在人人网开设官方页面，一方面可以针对学生群体进行有针对性的推广，另一方面也可以培养品牌好感度，增加潜在用户数，随着大学生群体的就业，良好的官方页面运营可以增大该群体转化为银行卡核心用户的可能性。相比而言，开心网官方页面的运营较少，较有特点的是招商银行开设的页面，针对白领群体发布积分优惠信息和促销政策并推广信用卡。QQ 空间的使用主要与腾讯产品有关，用户群体明确，如招商银行的官方 QQ 空间主要进行腾讯联名信用卡的推广；兴业银行联合腾讯开展了“刷 100 送 100 Q 币活动”。

本次监测未发现银行在豆瓣开设的豆瓣小站，银行相关的豆瓣小组是由用户自己组建的非官方性平台，小组人数较少，内容多围绕银行周边话题展开，包括工作、求职、信用卡使用等。豆瓣小组的成员多为该银行员工、求职者或用户，小组的讨论多具有针对性，发言相对微博的“碎片化”、“感性化”而言更具理性分析色彩，因而也成为银行值得重视的社会化媒体平台，被列入此次监测范围。

表 6-1 银行社会化媒体使用对比

银行名称	新浪微博	腾讯微博	人人网	豆瓣	开心网	QQ 空间
工商银行	●	○	○	●	○	○
农业银行	●	●	○	●	○	○
建设银行	●	●	○	●	○	○
中国银行	●	○	○	●	○	○
交通银行	●	●	○	●	○	○
招商银行	●	●	●	●	●	●
中信银行	●	●	●	●	○	●
民生银行	●	●	○	●	○	○
兴业银行	●	●	○	●	○	●
平安银行	●	○	○	○	○	○
深发银行	●	●	●	●	○	○
光大银行	●	●	●	●	○	○
浦发银行	●	●	○	●	○	○
华夏银行	●	●	○	●	●	○

（续）

银行名称	新浪微博	腾讯微博	人人网	豆瓣	开心网	QQ 空间
广发银行	●	○	○	●	○	○
邮政储蓄银行	●	○	○	●	●	○
北京银行	●	○	○	●	○	○
杭州银行	●	●	○	●	○	○
汉口银行	○	○	○	○	○	○
宁波银行	●	○	○	●	○	○
南京银行	○	○	○	○	○	○
汇丰中国	○	○	○	●	○	○
花旗银行	○	○	○	○	○	○
渣打银行	●	○	○	○	○	○
新韩银行	○	○	○	○	○	○
韩亚银行	○	○	○	○	○	○

注：1．数据来源自第一象限，银行业监测研究。

2．●表示有该类社会化媒体，○表示无该类社会化媒体，数据监测截止时间为 2012 年 1 月 3 日。

6.2 各银行官方新浪微博使用分析

2011 年 11 月 9 日新浪发布 2011 年第三季财报，CEO 曹国伟通过电话会议向外透露，新浪微博用户数已突破 2.5 亿规模㊀。微博的亲民性、互动广泛性、反馈的及时性使其显示出强大的传播效果和巨大的公关潜力㊁。本部分的分析主要针对不同银行开设的新浪微博官方账号，进行类别、数量的对比，同时对银行、电子银行、信用卡、信用卡商城官方账号的使用进行对比分析。

6.2.1 银行官方新浪微博实名认证账号数对比

如图 6-1 所示，从实名认证的银行微博总数量来看，民生银行和光大银行最为突出，两家银行均开设了大量地方分行的官方微博，但前者命名并未实现统一格式，后者的运营相对规范，所有的分行微博统一命名为“中国光大银行××分行”，并且使用了统一的头像作为标识；此外，微博总数排名第三位的广发银行也同样根据地域的不同将分行官方微博统一命名为“广发卡-××”。

㊀ http://www.rtdot.com/news/13

㊁ 谢婧：《论微博在企业网络公关中的应用》，《新闻世界》，2011 年，第 4 期，第 79-80 页

从实名认证的银行微博类别数来看，各家银行差异不大，较为突出的是交通银行、平安银行、光大银行和招商银行。

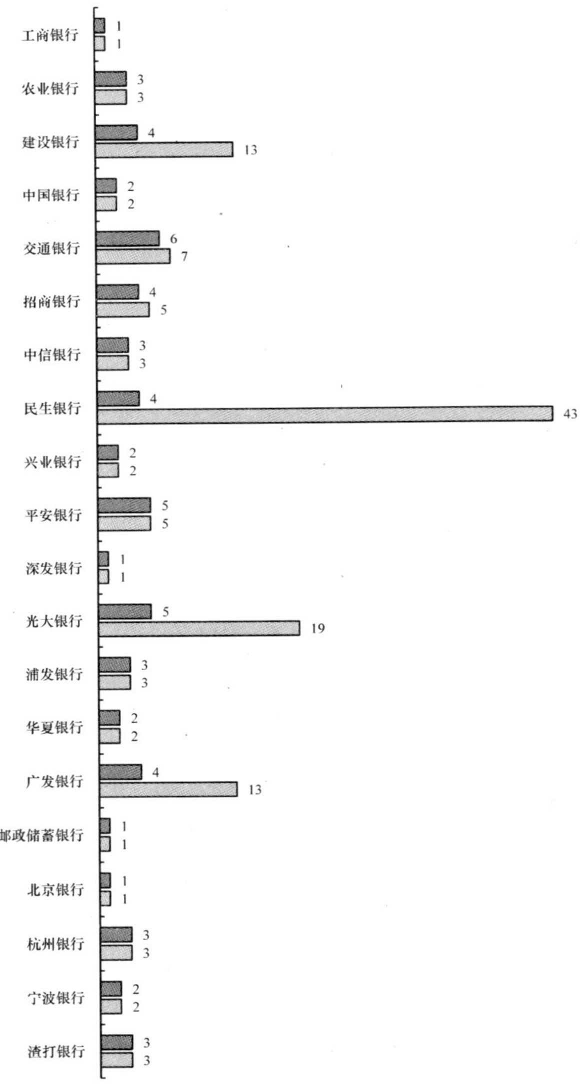

图 6-1 银行官方新浪微博账号数对比

注：1．数据来源自第一象限，银行业监测研究。㊀

2．数据监测截止时间为 2012 年 1 月 3 日。

㊀ 类别数以银行官方账号的业务和功能为区别标准，合并同种业务、不同地域账号，例如各地分行账号当作一类处理。

6.2.2 银行官方新浪微博分布

如表 6-2、图 6-2 所示，目前银行在使用新浪微博开设官方账号上并无明确的划分体系，既有地域上的分布（不同地区的官方微博），也有业务上的分布（如电子银行微博、信用卡微博），其分布大致以官方微博为中心，发散为不同的业务和不同的区域。

表 6-2　银行官方新浪微博分布对比

银行名称	银行总体	信用卡	电子银行	信用卡商城	新闻简报	信贷/理财	公益	其他
工商银行	○	○	●	○	○	○	○	○
农业银行	○	○	●	○	●	○	○	●
建设银行	○	○	●	○	○	○	●	●
中国银行	○	●	●	○	○	○	○	○
交通银行	○	●	●	●	○	○	○	●
招商银行	●	●	○	○	○	○	○	●
中信银行	○	●	○	○	○	○	○	●
民生银行	○	●	●	●	○	●	○	●
兴业银行	●	●	○	○	○	○	○	○
平安银行	●	○	○	●	○	●	○	●
深发银行	○	●	○	○	○	○	○	○
光大银行	●	○	●	○	○	○	○	●
浦发银行	●	●	○	○	○	●	○	●
华夏银行	●	○	○	●	○	○	○	○
广发银行	●	●	○	○	○	○	○	●
邮政储蓄银行	○	○	○	○	○	○	○	●
北京银行	○	○	○	○	○	○	○	●
杭州银行	●	○	○	○	○	●	○	●
汉口银行	○	○	○	○	○	○	○	○
宁波银行	●	○	○	●	○	○	○	○
南京银行	○	○	○	○	○	○	○	○
汇丰中国	○	○	○	○	○	○	○	○
花旗银行	○	○	○	○	○	○	○	○
渣打银行	●	○	●	○	○	○	○	●
新韩银行	○	○	○	○	○	○	○	○
韩亚银行	○	○	○	○	○	○	○	○

注：1. 数据来源自第一象限，银行业监测研究。⊖
　　2. 数据监测截止时间为 2012 年 1 月 3 日。

⊖ 样本监测的官方微博皆为实名认证（加 V）的官方账户，有的微博暂未通过实名认证或淡化官方色彩的未记在内。

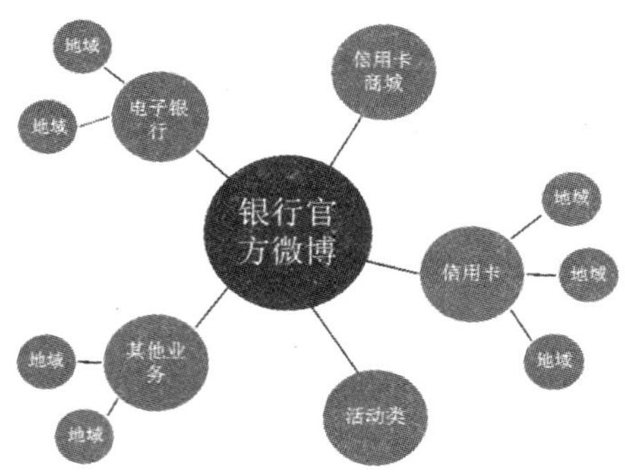

图 6-2 银行官方新浪微博分布示意

较特殊的是农业银行开设了“农行新闻”微博，主要发布和农行相关的新闻，但该微博 2011 年 8 月 18 日停止更新，其粉丝数和发布的微博数皆较少，处于停滞状态。建设银行加入了微博公益队伍，开设了“建行公益”微博，与其“善者建行”的理念定位形成统一。同时，多家银行开设了活动账号，例如邮政储蓄银行的“创富大赛”微博，中信银行的“青少年对抗赛”微博等。但由于主题活动多存在限定的期限，因此活动类微博大多在活动截止后便停止更新，成为了弃置的微博。例如“招行大运星”微博 2011 年 9 月停止更新，中信银行“青少年对抗赛”微博 2011 年 12 月 10 日停止更新，杭州银行“理财师大赛”微博 2011 年 12 月 7 日停止更新，交通银行“最红星期五”微博 2011 年 5 月停止更新等。

值得注意的是，部分银行的官方微博运营存在弃置情况且无任何说明，例如华夏银行的官方微博“华夏银行”于 2010 年 9 月 20 日停止更新，广发银行官方微博“广发银行”于 2011 年 8 月 9 日停止更新。相比之下，光大银行的“光大电子银行”虽于 2010 年 3 月 5 日停止更新，却作出了相关说明：“亲爱的脖友，@中国光大银行 官方微博已经正式开通，并开始开展#阳光计划#系列活动，敬请关注。自本日起，光大电子银行围脖暂停更新，有任何对光大银行的批评和建议、关心和关爱，都请您挪步@中国光大银行 官方微博，再次诚挚感谢！”。

在华夏银行官方微博的留言板处，可见大量用户的负面内容，多为反映实际使用中遇到的问题。由于微博的停止运营，用户的呼声未得到倾听，诉求未能得到及时解决，可能会对企业声誉造成不利影响。

从微博的功能上看，大多数银行都为单向的信息发布平台，少部分银行开设了以客服为定位的微博，用来监测微博中与银行相关的言论，并及时对用户的反应进行处理，例如“中信银行信用卡小秘书”微博对用户@“中信银行信用卡”的微博进行回应与处理，而由“中信银行信用卡”完成对外的信息发布，“招商银行出行易”针对其新推出的商旅业务中机票延误赔付担保服务同用户进行互动。因此，对微博进行不同的划分和定位更能有效化解舆情危机，树立口碑。

6.2.3 银行官方新浪微博对比

如表 6-3 所示，开设官方新浪微博的银行主要为全国性股份制商业银行和少数地方银行，渣打银行成为外资境内银行中嗅觉较为敏锐的先行者。国有五大行则没有一家开设官方的新浪微博。

从各银行间的对比来看，光大银行开设官方账号时间最早，招商银行开设官方账户时间次之，但粉丝数以及发布的微博数最多，宁波银行的关注数较多，其关注的用户中，既有行业相关用户，也有普通用户。关注数多可以反映出该微博更倾向内容的获取，同时对普通用户的关注，也有助于增加官方微博的亲和力色彩。

表 6-3 银行官方新浪微博对比

银行名称	粉丝数	微博数	关注数	上线时间	日均发布微博数
招商银行	642253	4544	774	2010-3-10	6.79
兴业银行	27525	770	110	2011-8-11	5.92
平安银行	5163	222	111	2011-7-11	1.31
光大银行	140758	2492	339	2010-2-10	3.68
浦发银行	9901	2036	724	2011-3-11	6.76
华夏银行	5842	194	1	2010-6-10	1.75
广发银行	3936	19	20	2011-7-11	1.36
杭州银行	206	32	87	2011-8-11	0.21
宁波银行	20269	643	891	2010-8-10	1.25
渣打银行	16850	1218	193	2011-3-11	4.24

注：1. 数据来源自第一象限，银行业监测研究。㊀

2. 数据监测截止时间为 2012 年 1 月 3 日。

㊀ 上线时间参考第一条微博发布时间，更新截至 2012 年 1 月 3 日，华夏银行与广发银行由于虽停止更新，但未作出任何说明，暂时纳入监测体系，数据截至其停止更新时，下图同。

如图 6-3 所示，光大银行是最早开设新浪官方微博的银行（2010 年 2 月），其次是招商银行（2010 年 3 月），因其运营时间较长，其粉丝数也较多。招商银行持卡用户较多㊀、微博活跃度较高或是其粉丝数大于光大银行的原因之一。华夏银行官方微博虽开设较早，但随后便停止了更新。

招商银行、浦发银行和兴业银行的官方微博日均发布微博数较高，使用较为活跃。兴业银行虽开设官方微博较晚，但其对运营的重视争取了较多的粉丝。而平安银行、杭州银行的微博使用活跃度不足，杭州银行虽保持更新，但更新频率过低，粉丝数也较少。

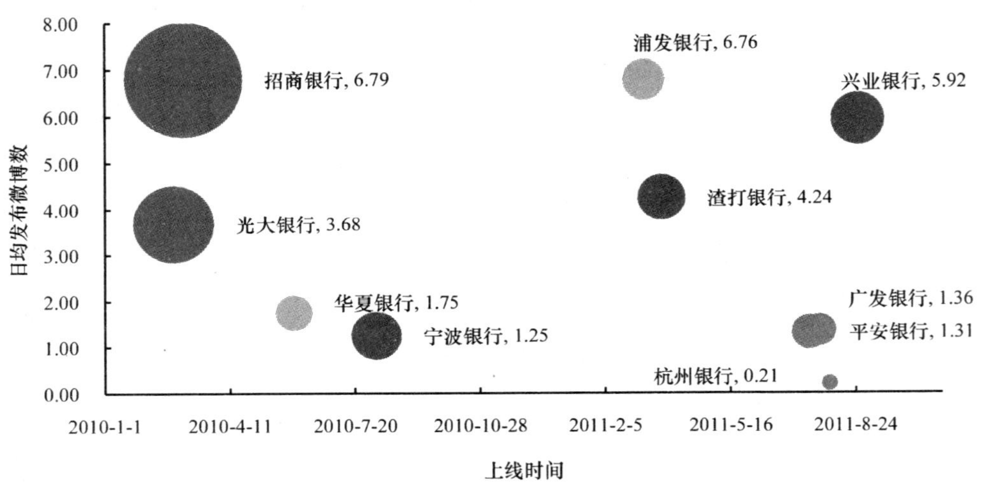

图 6-3 银行官方微博对比

注：1. 数据来源自第一象限，银行业监测研究。㊁

2. 气泡大小代表粉丝数量，数据监测截止时间为 2012 年 1 月 3 日。

6.2.4 银行官方电子银行微博对比

如表 6-4 所示，与官方微博不同，国有五大行皆开设了电子银行的官方微博，体现出其对电子银行业务的重视。建设银行开设时间最早，中国银行次之，同时，建设银行的粉丝数、发布微博数也最多，使用较为活跃。工商银行、农业银行和交通银行活跃度不足。民生银行日均微博数最

㊀ 截至 2011 年上半年，招商银行累计发卡量为 3687 万张，光大银行为 996 万张。

㊁ 气泡大小代表粉丝数多少，不同颜色代表不同的粉丝数量级别，因各银行直接粉丝数差异过大，在作图时，对粉丝数做了开平方处理。

多，使用活跃。渣打银行的关注数最多，更倾向内容获取。

在内容上，电子银行官方微博多为单向的信息发布，缺少互动，在利用新浪微博搜索相关账户名时，会发现很多用户在使用上的困惑和不满通过“@”官方微博的形式表现出来，而这些诉求未通过互动的方式（评论或转发）得到解决，各家银行的电子银行官方微博对负面消息的应对与处理能力有待加强。

表 6-4 官方电子银行微博对比

银行名称	粉丝数	微博数	关注数	上线时间	日均发布微博数
工商银行	73814	228	22	2011-8-11	1.62
农业银行	34688	120	7	2011-7-11	0.71
建设银行	137056	2226	195	2010-8-10	4.50
中国银行	94467	1373	72	2010-12-10	3.64
交通银行	6431	319	17	2011-4-11	1.29
民生银行	46347	498	163	2011-9-11	4.57
渣打银行	3815	880	367	2011-4-11	3.26

注：1. 数据来源自第一象限，银行业监测研究。
2. 数据监测截止时间为 2012 年 1 月 3 日。

如图 6-4 所示，建设银行的电子银行微博粉丝数和活跃度最高，中国银行次之。民生银行虽然开设电子银行官方微博较晚，但运营较好，获得了较多的粉丝数。工商银行和农业银行相对而言不够活跃，日均发布微博数较少。

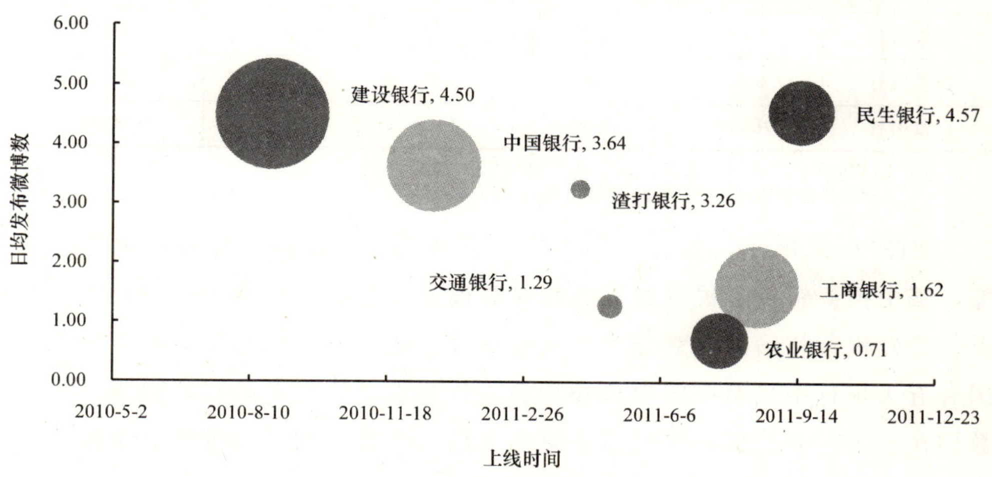

图 6-4 电子银行官方微博对比

注：1. 数据来源自第一象限，银行业监测研究。
2. 气泡大小代表粉丝数量，数据监测截止时间为 2012 年 1 月 3 日。

6.2.5 银行官方信用卡微博对比

如表 6-5 所示，开设信用卡官方微博的银行在一定程度上反映了银行对信用卡业务的重视，在开设了信用卡官方微博的 9 家银行中，除交通银行、广发银行外，其余 7 家银行均在 2010 年开设。7 家银行中民生银行的粉丝数最多，招商银行次之。广发银行虽开设时间较晚，但微博运营较为活跃，发布微博数、关注数和日均发布微博数最高，并且设立了统一命名规则“广发卡优会”，通过“广发卡优会_××”发布各地信用卡优惠信息，运营相对规范。

表 6-5 银行官方信用卡微博对比

银行名称	粉丝数	微博数	关注数	上线时间	日均发布微博数
中国银行	87529	1846	79	2010-9-10	3.92
交通银行	80225	441	24	2011-4-11	1.59
招商银行	356433	1876	181	2010-7-10	3.44
中信银行	117942	1404	110	2010-2-11	4.49
民生银行	430311	734	60	2010-12-10	1.99
兴业银行	56451	634	121	2010-12-10	1.65
深发银行	12273	1076	132	2010-6-10	1.86
浦发银行	1762	1004	299	2010-12-10	2.72
广发银行	76487	2313	1903	2011-7-11	13.53

注：1. 数据来源自第一象限，银行业监测研究。㊀
2. 数据监测截止时间为 2012 年 1 月 3 日。

如图 6-5 所示，银行信用卡官方微博的使用活跃度相对电子银行较低，其中招商银行、民生银行的粉丝数最多，分别达到了 35 万和 43 万以上，广发银行将信用卡划分为不同地域分开运营，因此粉丝数相对分散。国有五大银行中只有中国银行和交通银行开设了信用卡的官方微博，粉丝数均在 8 万左右，但前者较后者更为活跃，中国银行日均微博更新数是交通银行的 2 倍多。

㊀ 广发银行信用卡官方微博选取的是“广发卡优会_全国”。

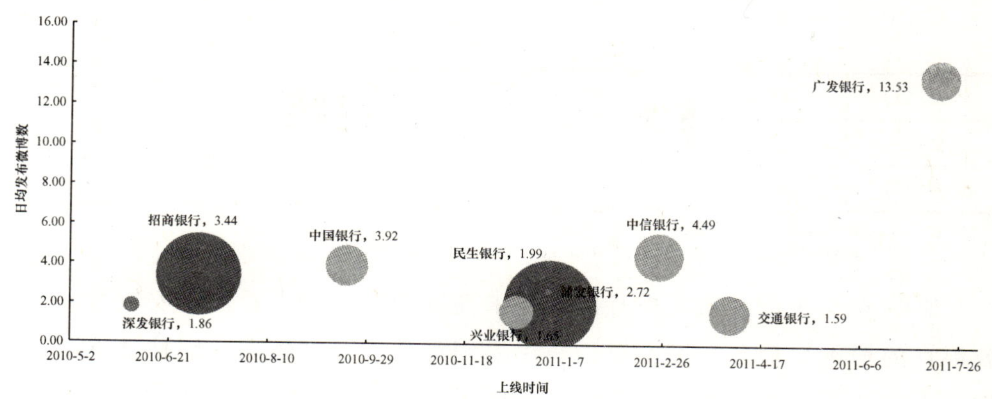

图 6-5 信用卡官方微博对比

注：1. 数据来源自第一象限，银行业监测研究。
2. 气泡大小代表粉丝数量，数据监测截止时间为 2012 年 1 月 3 日。

6.2.6 银行官方信用卡商城微博对比

如表 6-6 所示，随着诸多银行在电子商务尤其是信用卡网上商城业务上角逐，信用卡商城的官方微博可以有效地弥补电子商务平台互动性的不足。在内容使用上，信用卡商城的官方微博多进行商品的推荐和促销信息的发布。针对信用卡商城专门开设官方微博的银行较少，仅为 6 家，且各家银行的粉丝数差距不大，平安银行和宁波银行的粉丝数相当，并领先其他银行。平安银行信用卡商城微博不仅开设时间早，发布的微博数和日均发布数也最多。宁波银行由于专营区域化运作，专属性较强，因此关注人数最多，且关注的人当中有不少信用卡用户，互动性较强，在其微博内容中常可见到与用户的转发互动。华夏银行同样也有与粉丝的转发互动，民生银行微博同粉丝的互动性相对较弱。

表 6-6 银行官方信用卡商城微博

银行名称	粉丝数	微博数	关注数	上线时间	日均发布微博数
招商银行	218	89	56	2011-9-11	1.68
交通银行	3180	301	51	2011-5-11	1.27
民生银行	12302	877	26	2011-5-11	3.68
平安银行	36238	2083	36	2010-12-10	5.25

（续）

银行名称	粉丝数	微博数	关注数	上线时间	日均发布微博数
华夏银行	21849	484	40	2010-12-10	1.31
宁波银行	36251	534	1999	2011-2-11	1.66

注：1. 数据来源自第一象限，银行业监测研究。[⊖]
2. 数据监测截止时间为2012年1月3日。

如图6-6所示，从各银行的信用卡商城微博对比来看，平安银行和宁波银行的粉丝数最多，平安银行与民生银行的活跃度较高，因此从这两项指标上来看平安银行的信用卡商城微博运营最为完善。相比之下，交通银行的信用卡商城微博活跃度较低，粉丝数也较少。招商银行虽在银行官方微博与信用卡官方微博上表现较好，却于2011年11月18日停止了信用卡商城官方微博的更新。

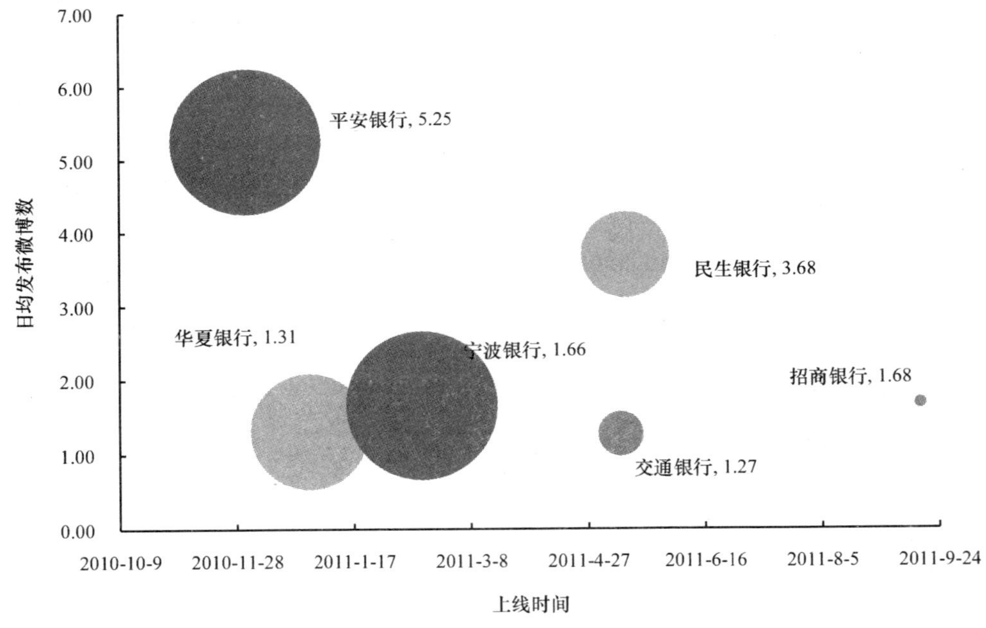

图6-6 信用卡商城官方微博对比

注：1. 数据来源自第一象限，银行业监测研究。
2. 气泡大小代表粉丝数量，数据监测截止时间为2012年1月3日。

⊖ 交通银行积分乐园微博当做信用卡商城官方微博处理，招商银行虽也开设了信用卡商城官方微博，不过更新截止于2011年11月18日，后于2012年5月9日恢复更新，但已超出本次监测的截止日期，故未进行跟进。

附录　各银行信用卡年费一览表

银行名称	卡类	卡别	卡种	币种	主副卡	年费（元）	年费抵免			备注
							刷卡消费/取现次数（次）	最低消费（元）	积分	
中国工商银行	贷记卡	个人卡/标准卡	普通卡	人民币	主卡	50	5			
					副卡	25				
				双币	主卡	100	5			
					副卡	50				
			金卡	人民币	主卡	100	5			
					副卡	50				
				双币	主卡	200	5			
					副卡	100				
			白金卡	双币	主卡	2000		200000		
					副卡	1000				
		商务差旅卡	普通卡	人民币	主卡	100				
				双币	主卡	200				
			金卡	人民币	主卡	200				
				双币	主卡	400				
	准贷记卡	个人卡/标准卡	普通卡	人民币	主卡	25				
					副卡	12.5				
			金卡	人民币	主卡	50				
					副卡	25				
中国农业银行	贷记卡	个人卡/标准卡	普通卡	人民币	主卡	80				
					副卡	40				
				双币	主卡	100				
					副卡	50				
			金卡	人民币	主卡	160				
					副卡	80				
				双币	主卡	200				
					副卡	100				

（续）

银行名称	卡类	卡别	卡种	币种	主副卡	年费（元）	年费抵免：刷卡消费/取现次数（次）	年费抵免：最低消费（元）	年费抵免：积分	备注
中国农业银行	贷记卡	金穗高尔夫白金卡	白金卡	双币	主卡	580				
		金穗网球白金卡			主卡	580				
				双币	副卡	300				
		尊然典藏版白金卡	白金卡	双币	主卡	3000				
					副卡	2000				
		尊然精粹版白金卡	白金卡	双币	主卡	880				
					副卡	500				
中国建设银行	贷记卡	个人卡/标准卡	普通卡		主卡	80	3			
					副卡	40				
			金卡		主卡	160	3			
					副卡	80				
			白金卡		主卡	580	18			
					副卡	300				
		汽车卡	普通卡		主卡	200				
					副卡	100				
			金卡		主卡	160	18			
					副卡	80				
			白金卡		主卡	580				
					副卡	300				
中国银行	贷记卡	个人卡/标准卡	普通卡		主卡	20	5			
					副卡	10				
			金卡		主卡	80				
					副卡	40				
			白金卡		主卡	800				
					副卡	400				
交通银行	贷记卡	个人卡/标准卡	普通卡	人民币	主卡	80				
					副卡	40				
				双币	主卡	140				
					副卡	70				
			金卡	人民币	主卡	120				
					副卡	60				

（续）

银行名称	卡类	卡别	卡种	币种	主副卡	年费（元）	年费抵免			备注
							刷卡消费/取现次数（次）	最低消费（元）	积分	
交通银行	贷记卡	个人卡/标准卡	金卡	双币	主卡	200				
					副卡	100				
		太平洋亚洲万里通白金卡	白金卡		主卡	1000				定制增值服务费另计
					副卡	0				
		太平洋东方航空白金卡	白金卡		主卡	1000				
					副卡	0				
		太平洋香港新世界百货信用卡	名流卡	双币	主卡	300				
					副卡	150				
		公务卡	普通卡	人民币	主卡	0				
					副卡	0				
招商银行	贷记卡	个人卡/标准卡	普通卡	双币	主卡	100	6			
					副卡	50				
			金卡	双币	主卡	300				
					副卡	150				
			无限卡	双币	主卡	10000				
					副卡	5000				
		美国运通卡	普通卡	双币	主卡	380				
					副卡	190				
			金卡	双币	主卡	380				
					副卡	190				
		美国运通绿卡	普通卡	双币	主卡	180				
					副卡	90				
		经典版白金卡	白金卡	双币	主卡	3600				
					副卡	2000				
		精致版白金卡	白金卡	双币	主卡	800				
					副卡	300				
		采购卡	普通卡	双币	主卡	50				

（续）

银行名称	卡类	卡别	卡种	币种	主副卡	年费（元）	年费抵免：刷卡消费/取现次数（次）	年费抵免：最低消费（元）	年费抵免：积分	备注
中信银行	贷记卡	个人卡/标准卡	普通卡	双币	主卡	100	5			
					副卡	50				
			金卡	人民币	主卡	200				
					副卡	100				
				双币	主卡	300				
					副卡	150				
			白金卡	双币	主卡	2000				
					副卡	1,000				
			精英卡	双币	主卡	480				
					副卡	240				
			钛金卡	双币	主卡	480				
					副卡	240				
民生银行	贷记卡	个人卡/标准卡	普通卡		主卡	100	8			
					副卡	50				
			金卡		主卡	300				
					副卡	150				
			钻石卡		主卡	10000				
					副卡	5000	10			
		豪华白金卡	白金卡		主卡	3600	18			
					副卡	1800	9			
		标准白金卡	白金卡		主卡	600				
					副卡	300				
兴业银行	贷记卡	个人卡/标准卡	普通卡	人民币	主卡	80				
					副卡					
				双币	主卡	100				
					副卡					
			金卡	人民币	主卡	100				
					副卡					
				双币	主卡	200				
					副卡					
			白金卡	人民币	主卡	2600				
					副卡	1200				

（续）

银行名称	卡类	卡别	卡种	币种	主副卡	年费（元）	年费抵免			备注
							刷卡消费/取现次数（次）	最低消费（元）	积分	
兴业银行	贷记卡	个人卡/标准卡	白金卡	双币	主卡	2600				
					副卡	1200				
		悠系列	白金卡	人民币	主卡	900				
					副卡	600				
				双币	主卡	900				
					副卡	600				
		GOLF	白金卡	人民币	主卡	9000				
					副卡	9000				
				双币	主卡	9000				
					副卡	9000				
		睿白金	白金卡	人民币	主卡	500				
					副卡	500				
				双币	主卡	500				
					副卡	500				
		车友尊贵卡	普通卡	双币	主卡	200				
		车友精英卡			主卡	100				
平安银行	贷记卡	个人卡/标准卡	普通卡		主卡	100				
					副卡	50				
			金卡		主卡	300				
					副卡	150				
		万里通 VIP 金卡	VIP 金卡	人民币	主卡	500				
					副卡	300				
深发银行	贷记卡	个人卡/标准卡	普通卡	人民币	主卡	100	6			
					副卡	80				
			金卡	人民币	主卡	175				
					副卡	125				
			国际卡	外币	主卡	30				指采用外币结算，年费单位为美元
					副卡	18				

（续）

<table>
<tr><th rowspan="2">银行名称</th><th rowspan="2">卡类</th><th rowspan="2">卡别</th><th rowspan="2">卡种</th><th rowspan="2">币种</th><th rowspan="2">主副卡</th><th rowspan="2">年费（元）</th><th colspan="3">年费抵免</th><th rowspan="2">备注</th></tr>
<tr><th>刷卡消费/取现次数（次）</th><th>最低消费（元）</th><th>积分</th></tr>
<tr><td rowspan="12">深发银行</td><td rowspan="12">贷记卡</td><td rowspan="2">个人卡/标准卡</td><td rowspan="2">白金卡</td><td rowspan="6">外币</td><td>主卡</td><td>600</td><td rowspan="6"></td><td rowspan="12"></td><td>300000</td><td rowspan="12"></td></tr>
<tr><td>副卡</td><td>480</td><td>240000</td></tr>
<tr><td rowspan="2">白金卡纪念版</td><td rowspan="2">白金卡</td><td>主卡</td><td>1200</td><td>600000</td></tr>
<tr><td>副卡</td><td>960</td><td>480000</td></tr>
<tr><td rowspan="2">白金天玑卡</td><td rowspan="2">白金卡</td><td>主卡</td><td>400</td><td rowspan="8"></td></tr>
<tr><td>副卡</td><td>300</td></tr>
<tr><td rowspan="2">欧尚卡</td><td rowspan="2">普通卡</td><td rowspan="2">双币</td><td>主卡</td><td>65</td><td rowspan="4">6</td></tr>
<tr><td>副卡</td><td>40</td></tr>
<tr><td rowspan="2">沃尔玛畅享卡</td><td rowspan="2">金卡</td><td rowspan="2">双币</td><td>主卡</td><td>175</td></tr>
<tr><td>副卡</td><td>125</td></tr>
<tr><td rowspan="2">商务卡</td><td>普通卡</td><td rowspan="2"></td><td>主卡</td><td>80</td><td rowspan="2"></td></tr>
<tr><td>金卡</td><td>主卡</td><td>160</td></tr>
<tr><td rowspan="12">光大银行</td><td rowspan="12">贷记卡</td><td rowspan="12">个人卡/标准卡</td><td rowspan="2">普通卡</td><td rowspan="2">双币</td><td>主卡</td><td>80</td><td rowspan="2">3</td><td rowspan="2">2000</td><td rowspan="12"></td><td rowspan="6"></td></tr>
<tr><td>副卡</td><td>40</td></tr>
<tr><td rowspan="2">金卡</td><td rowspan="2"></td><td>主卡</td><td>200</td><td rowspan="2">3</td><td rowspan="2">2000</td></tr>
<tr><td>副卡</td><td>80</td></tr>
<tr><td rowspan="2">钛金卡</td><td rowspan="2">双币</td><td>主卡</td><td>300</td><td rowspan="8"></td><td rowspan="8"></td></tr>
<tr><td>副卡</td><td>300</td></tr>
<tr><td rowspan="2">白金卡</td><td rowspan="4"></td><td>主卡</td><td>2000</td><td rowspan="2">首年10万积分抵扣300元年费；次年20万积分抵扣680元年费</td></tr>
<tr><td>副卡</td><td>1000</td></tr>
<tr><td rowspan="2">钻石卡</td><td>主卡</td><td>2000</td><td rowspan="4"></td></tr>
<tr><td>副卡</td><td>1500</td></tr>
<tr><td rowspan="2">无限卡</td><td rowspan="2">双币</td><td>主卡</td><td>5000</td></tr>
<tr><td>副卡</td><td>1500</td></tr>
</table>

（续）

银行名称	卡类	卡别	卡种	币种	主副卡	年费（元）	年费抵免			备注
							刷卡消费/取现次数（次）	最低消费（元）	积分	
光大银行	贷记卡	银联高尔夫金卡	金卡		主卡	200	3	2000		
					副卡	200				
		如意三宝	普通卡	双币	主卡	200				
					副卡	200				
		福	普通卡	双币	主卡	200				
					副卡	200				
		绿色零碳	普通卡	人民币	主卡	200				
					副卡	200				
		单位卡	普通卡	人民币	主卡	2000				
浦发银行	贷记卡	个人卡/标准卡	普通卡	人民币	主卡	180				2010年11月1日后停止发行
					副卡	90				
			金卡		主卡	360				
					副卡	180				
			新金卡		主卡	180				
					副卡	90				
			白金卡		主卡	3600				
					副卡	1800				首两张免费
		白金卡简约版	白金卡		主卡	360				
					副卡	180				
					主卡	680				
					副卡	0				
		WOW系列	普通卡		主卡	0				
					副卡					
		麦兜	普通卡		主卡	0				
					副卡	0				
		东航联名	金卡	人民币	主卡	360				
					副卡	180				
				双币	主卡	360				
					副卡	180				

（续）

银行名称	卡类	卡别	卡种	币种	主副卡	年费（元）	年费抵免			备注
							刷卡消费/取现次数（次）	最低消费（元）	积分	
浦发银行	贷记卡	东航联名	钛金卡		主卡	360				
					副卡	180				
			白金卡		主卡	1500				
					副卡	750				
		日航联名	金卡		主卡	400				
					副卡	200				
华夏银行	贷记卡	个人卡/标准卡	普通卡		主卡	100				
					副卡	50				
			金卡		主卡	200				或700元一次性
					副卡	100				
			钛金卡		主卡	380				
					副卡	190				
			白金卡	人民币	主卡	680				
					副卡	0				
		SMART卡	普通卡		主卡	200				
					副卡	100				
		财智分期卡	普通卡		主卡	200				
					副卡	100				
		钛金丽人卡	钛金卡		主卡	300				或700元一次性
					副卡	0				
		汉莎航空Miles & More尊贵版	普通卡		主卡	680				Miles & More特级贵宾会员及贵宾会员免费
					副卡	0				
		汉莎航空Miles & More精英版	普通卡		主卡	480				
					副卡	0				

（续）

银行名称	卡类	卡别	卡种	币种	主副卡	年费（元）	年费抵免			备注
							刷卡消费/取现次数（次）	最低消费（元）	积分	
广发银行	贷记卡	个人卡/标准卡	普通卡	人民币	主卡	80	6			
				双币	主卡	90				
			金卡	人民币	主卡	80				
				双币	主卡	260				
			钛金卡		主卡	480				
			无限卡		主卡	12000				
		臻享白金卡	白金卡		主卡	800				
					副卡	400				
		车主白金卡	白金卡		主卡	2888				
					副卡	1488				
		商旅白金卡	白金卡		主卡	2888				
					副卡	1488				
		高尔夫白金卡	白金卡		主卡	3888				
					副卡	1988				
		真情白金卡	白金卡		主卡	2500				
					副卡	1250				
		南航白金卡	普通卡		主卡	2500				
邮政储蓄银行	贷记卡	个人卡/标准卡	普通卡		主卡	0				
			金卡		主卡	125				
					附属卡	60				
北京银行	贷记卡	个人卡/标准卡	普通卡		主卡	0	6			
			金卡		主卡	125				
					附属卡	60				
杭州银行	贷记卡	个人卡/标准卡	普通卡		主卡	60				
					副卡	30				
			金卡		主卡	100				
					副卡	50				
		公务卡	普通卡		主卡	60				
					副卡	30				
			金卡		主卡	100				
					副卡	50				

（续）

银行名称	卡类	卡别	卡种	币种	主副卡	年费（元）	年费抵免			备注
							刷卡消费/取现次数（次）	最低消费（元）	积分	
杭州银行	贷记卡	臻信卡低信用额度	普通卡		主卡	1000				信用额度10万～50万元(含)
		臻信卡高信用额度	普通卡		主卡	2000				信用额度50万～100万元(含)
汉口银行	贷记卡	个人卡/标准卡	白金卡		主卡	3000		200000		
					副卡	1500		100000		
宁波银行	贷记卡	个人卡/标准卡	普通卡	人民币	主卡	40				年费暂免
					副卡	20				
				双币	主卡	80				
					副卡	40				
			金卡	人民币	主卡	80				
					副卡	40				
				双币	主卡	160				
					副卡	80				
			白金卡		主卡	2000				
					副卡	2000				
		公务卡	普通卡		主卡	80				
					副卡	40				
		商英卡	普通卡		主卡	300				
南京银行	贷记卡	个人卡/标准卡	普通卡		主卡	100				
			金卡		主卡	100				
			贵宾卡		主卡	200				
			白金卡		主卡	800				

注：数据监测截止时间为2012年1月1日。

机工出版社·计算机分社书友会邀请卡

尊敬的读者朋友：

感谢您选择我们出版的图书！我们愿以书为媒与您做朋友！我们诚挚地邀请您加入：

“机工出版社·计算机分社书友会”

以书结缘，以书会友

加入“书友会”，您将：

★ 第一时间获知新书信息、了解作者动态；

★ 与书友们在线品书评书，谈天说地；

★ 受邀参与我社组织的各种沙龙活动，会员联谊；

★ 受邀参与我社作者和合作伙伴组织的各种技术培训和讲座；

★ 获得“书友达人”资格（积极参与互动交流活动的书友），参与每月 5 个名额的“书友试读赠阅”活动，获得最新出版精品图书 1 本。

如何加入“机工出版社·计算机分社书友会”

两步操作轻松加入书友会

Step1

访问以下任一网址：

★ 新浪官方微博：http://weibo.com/cmpjsj

★ 新浪官方博客：http://blog.sina.com.cn/cmpbookjsj

★ 腾讯官方微博：http://t.qq.com/jigongchubanshe

★ 腾讯官方博客：http://2399929378.qzone.qq.com

Step2

找到并点击调查问卷链接地址（通常位于置顶位置或公告栏），完整填写调查问卷即可。

联系方式

通信地址：北京市西城区百万庄大街 22 号
机械工业出版社计算机分社

邮政编码：100037

联系电话：010-88379750

传　　真：010-88379736

电子邮件：
cmp_itbook@163.com

敬请关注我社官方微博： http://weibo.com/cmpjsj

第一时间了解新书动态，获知书友会活动信息，与读者、作者、编辑们互动交流！